U1006648

陕西历史博物馆

盛世文化的半壁江山

主　编　李炳武
本册主编　庞雅妮

西安出版社

图书在版编目（CIP）数据

盛世文化的半壁江山 ：陕西历史博物馆 / 李炳武主编. —— 西安 ：西安出版社，2018.11（2024.4重印）

ISBN 978-7-5541-3435-1

Ⅰ. ①盛… Ⅱ. ①李… Ⅲ. ①博物馆－历史文物－介绍－陕西 Ⅳ. ①K872.41

中国版本图书馆CIP数据核字（2018）第270639号

盛世文化的半壁江山

陕西历史博物馆

SHENGSHIWENHUA DE BANBIJIANGSHAN
SHANXI LISHI BOWUGUAN

出 版 人：屈炳耀
主　　编：李炳武
本册主编：庞雅妮
策划编辑：李宗保　张正原
项目统筹：张正原
责任编辑：王　瑜
责任校对：张正原
责任印制：尹　苗
出版发行：西安出版社
社　　址：西安市长安北路56号
电　　话：（029）85253740
邮政编码：710061

印　　刷：三河市华东印刷有限公司
开　　本：787mm × 1092mm　1/16
印　　张：14
字　　数：132千
版　　次：2018年11月第1版
　　　　　2024年4月第7次印刷
书　　号：ISBN 978-7-5541-3435-1
定　　价：88.00元

如有印刷、装订问题，本社负责另换。

序一

阅读文物 拥抱文明

郑欣淼

文物所折射出的恒久魅力，已为越来越多的人所认识。今天呈现在读者面前的这部“丝路物语”书系，就是这一魅力的具体体现。

“让收藏在博物馆里的文物、陈列在广阔大地上的遗产、书写在古籍里的文字都活起来。”（习近平语）党的十八大以来，习近平总书记担负着实现中华民族伟大复兴的历史重任，饱含着对传统文化的深厚感情，让文物活起来始终为其所关注、所思考。让文物活起来，就是深入挖掘文物的内涵，充分发挥文物的作用。中国文物是中华民族的文明印记和精神标识，是全体中国人乃至全人类的珍贵财富；它对于激发人民群众对中华优秀传统文化的了解、认同和热爱，坚定文化自信，汇聚发展力量等作用是不言而喻的。

近年来，一些优秀的文物类书籍、综艺节目、纪录片、文化创意产品等不断涌现，文化遗产元素成为国家外交的桥梁，文物逐渐成为“网红”并受到越来越多年轻人的青睐，这些都充分彰显着“让文物活起来”已逐渐从理念转化为行动，那些在历史长河中积淀下来的文物珍存正在不断走近百姓、融入时代、面向世界。

说到文物，不能不把眼光聚焦于丝绸之路。人类社会交往的渴望推动了世界文明间的相互交融和渗透，中华文明与亚、欧、非三大洲的古代文明很早就发生接触，相互影响，相互交流。直到1877年，德国地理学家李希霍芬在他的著作《中国——我的旅行成果》里首次提出了“丝绸之路”的概念。近半个世纪以来，随着丝绸之路考古发现和学术研究的不断深入，极大地开阔了人们的视野。特别是“一带一路”倡议的全面推进，丝绸之路研究更成为国际显学。在古代文明交流史上，丝绸之路无疑是极其璀璨的一笔。它承载着千年古史，编织着四方文明。也正因为丝绸之路无与伦比的历史积淀，形成了独特的历史文化遗产，其数量之大、等级之高、类型之丰富、序列之完整、影响之深远，都是世所公认的。神秘悠远的古代城址、波澜壮阔的长城关隘烽燧遗址、精美绝伦的艺术品、气势磅礴的帝王陵墓、灿若星辰的宫观寺庙、瑰丽壮美的石窟寺……数不清道不尽的文物珍宝，足以使任何参观者流连忘返，叹为观止。2014年，“丝绸之路：长安—天山廊道的路网”成功跻身《世界文化遗产名录》，使丝绸之路迎来了新的历史机遇，也对广大文化文物工作者提出了新的要求。

“让文物说话，把历史智慧告诉人们。”这是习近平总书记的谆谆嘱托。中华文化优雅如斯，如何让文物说话，飞入寻常百姓家，是当下无数文化界人士亟待攻坚的课题，亦是他们光荣的使命。客观来讲，丝绸之路方面的论著硕果累累，但从一般读者角度，特别是从当下文化与旅游结合角度着眼的作品不多，十分需要一套全面系统地介绍丝绸之路文物故事的读物。令人欣喜的是，西安出版社组织策划了这套颇具规模的“丝路物语”书系，并由李炳武先生担任主编，弥补了这一缺憾。李炳武先生曾经长期在文物文化领域工作，也主持过“中华国宝·陕西珍贵文物集成”“长安学丛书”和《陕西文物旅游博览》等大型文物类图书的编纂工作，得到了业界的充分肯定；加之丛书的作者都是有专业素养的学者，从而保证了书稿的质量。

如何驾驭丝绸之路这样一个纵贯远古到当今、横贯地中海到华夏大地的话题，对于所有编写者来说，都是具有挑战性的。这套书的优点或者说特点，可以概括为以下几个方面：

这套书最大的一个优点，就是大而全。从宏观的视野，用简明的线条，对陆上丝绸之路的博物馆、大遗址进行了全景式梳理，精心遴选主要文物，这些国宝的历史、艺术和科学价值在字里行间一一呈现。

丝绸之路文化遗产类型丰富，作者在文中并没有局限于文物本身的解读，还根据文物的特点做了大量的知识拓展，包括服饰的流变，宗教的传播，马匹的驯化，葡萄等水果的东传，纸张的发明和不断改进，医学的发展，乐器、绘画、雕刻、建筑、织物、陶瓷等视觉艺术的交互影响，等等。其中既有交往的结果，也有战争的推动。总体而言，这些内容是讲述丝绸之路时所不可或缺的内容，使读者透过文物认识了丝绸之路丰富的文化内涵。

值得称道的是，这套书采取探索与普及相结合的方式，图文并茂，力求避免学究气的艰涩笔调，加入故事性、趣味性，使文字更具可读性，达到雅俗共赏的目的。通过图书这一载体，能够使读者静静地品味和欣赏这些文物，传达出对历史的沉思和感悟，完善自己对文物、丝绸之路和文化的认知。读过这套书后，相信读者都会开卷有益，收获多多，文物在我们眼中也将会是另一番面貌。

我们有幸正处于坚持以人民为中心的改革发展伟大时代，每一件文物，都维系着民族的精神，让文物活起来，定会深入人心、蔚为大观。此次李炳武先生请我写序，初颇踌躇，披卷读来，犹如一场旅行，神游历史时空之浩渺无垠，遐思华夏文化之博大精深。兼善天下，感物化人历来是每一个中国知识分子的精神所属，若序言能为一部作品锦上添花，得而为普及民众的文物保护意识起到促进作用，何乐而不为?

是为序。

·郑欣淼·

原中国文化部副部长、故宫博物院原院长、中华诗词学会会长、著名历史文化学者。

序二

丝路物语话沧桑

李炳武

2013 年 9 月，中国国家主席习近平访问哈萨克斯坦时，在纳扎尔巴耶夫大学发表演讲，首次提出共同构建“丝绸之路经济带”的宏伟倡议。2014 年 6 月，“丝绸之路：长安 — 天山廊道的路网”成功跻身《世界文化遗产名录》。

丝绸之路是世界上路线最长、影响最大的文化线路。丝绸之路是指起始于古代中国的政治、经济、文化中心 — 古都长安（今西安）连接亚洲、非洲和欧洲的古代陆上商业贸易路线。它跨越陇山山脉，穿过河西走廊，通过玉门关和阳关，抵达新疆，沿绿洲和帕米尔高原通过中亚、西亚和北非，最终抵达非洲和欧洲，向南延伸到印度次大陆。这条伟大的道路沟通了中国、印度、希腊三大文明，全长一万多千米。它是一条东方与西方之间经济、政治、文化进行交流的主要道路，促进了欧亚大陆不同国家、不同文明之间在商贸、宗教、文化以及民族等方面的交流与融合，为人类社会的共同发展和繁荣做出了卓越贡献。

公元前 138 年，使者张骞受汉武帝派遣从陇西出发，出使月氏。13 年中，他的足迹踏遍天山南北和中亚、西亚各地。在随后的 2000 多年间，无数商贾、旅人沿着张骞的足迹，穿越驼铃叮当的沙漠、炊烟袅袅的草原、飞沙走石的戈壁，来往于各国之间，带来了印度、阿拉伯、波斯和欧洲的玻璃、红酒、马匹，宗教、科技和艺术，带走了中国的丝绸、漆器、瓷器和四大发明，举世闻名的丝绸之路渐渐形成。

用“丝绸之路”来形容古代中国与西方的文明交流，最早出自德国著名地理学家李希霍芬 1877 年所著的《中国——我的旅行成果》一书。由于这个命名贴切写实而又富有诗意，很快得到学术界的认可，并风靡世界。

近年来，丝绸之路迎来了新的历史机遇，沿丝绸之路寻访探秘的人络绎不绝。发展丝路经济，研究丝路文明，观赏丝路文物成了新时代的社会热潮。中央文化产业发展专项资金资助项目“丝路物语”书系，便应运而生。在本书和读者见面之际，作为长安学研究者、“丝路物语”书系的主编，就该书的选题范围、研究对象、编写特色及意义赘述于下：

“丝路物语”书系，以“丝绸之路：长安—天山廊道的路网”遗产及相关博物馆为选题范围。该遗产项目的线路跨度近 5000 千米，沿线包括了中心城镇遗迹、商贸城市、聚落遗迹、交通遗迹、宗教遗迹和关联遗迹五类代表性遗迹以及沿途丰富的特色地理环境。共计包括三个国家的 33 处遗产点，其中吉尔吉斯斯坦境内 3 处，哈萨克斯坦境内 8 处，中国境内 22 处。属丝绸之路东段的重要组成部分，在丝绸之路交通与交流体系中具有独特的起始地位和突出的代表性。它形成于公元前 2 世纪，兴盛于公元 6 至 14 世纪，沿用至公元 16 世纪，连接了东亚和中亚大陆上的中原地区、河西走廊、天山南北与七河地区四个地理区域，分布于今中华人民共和国、哈萨克斯坦共和国和吉尔吉斯斯坦共和国境内。沿线遗迹或壮观巍峨，或鬼斧神工，或华丽精美，见证了欧亚大陆在公元前2世纪至公元16世纪之间人类文明进步的重要阶段，以及在这段时间内多元文化并存的鲜明特色。

“丝路物语”书系，每册聚焦古丝绸之路上的一座博物馆、一处古遗址或一座石窟寺，力求立体全面地展示丝绸之路上的历史遗存、人文故事和风土人情。这是一套丝绸之路旅游观光的文化指南，从中可观赏到汉代桑蚕基地的鎏金铜蚕，饱览敦煌石窟飞天的婀娜多姿，聆听丝路古道上的声声驼铃。古丝绸之路是人类文明的宝贵遗产，记录着社会的沧桑巨变，这也是一部启封丝路文明的记忆之书。

“丝路物语”书系，以阐释文物为重点。文物是中华民族的精神标识。“让收藏在博物馆里的文物、陈列在广阔大地上的遗产、书写在古籍里的文字都活起来。”这对于激发人民群众对中华优秀传统文化的了解、认同和热爱，坚定文化自信，汇聚发展力量不可小觑。

文物是不可再生的国之珍宝，从中可折射出人类文明的恒久魅力。对文化的认同感与归属感应当成为一种生活状态。我们从梳理丝绸之路沿线博物馆馆藏文物、石窟寺或大遗址为契机，从文化的立场阐释文物的历史意义，每篇文章涵盖了文物信息的描述、历史背景的介绍、文物价值的分享和知识链接等板块，在聚焦视角上兼顾学术作品的思想层与通俗作品的故事层双重属性，清晰地再现文物从物质性到精神性的深层转变，着力探讨文物作为一种精神力量对历史的思考。用时空线索描绘丝绸之路的卓越风华，为读者梳理丝绸之路的文化影响，以文物揭示历史规律，彰显更深层、更本质的文化自信，激发读者的民族自豪感。“丝路物语”书系以文物为研究对象，从中甄选国宝菁华，讲述它们的前世今生。试图让读者从中感受始皇地下军团的烈烈秦风，惊叹西汉马踏匈奴的雄浑奔放，仰慕大唐《阙楼仪仗图》的盛世恢宏，这是一部积淀文化自信的启智之作。

“丝路物语”书系，以互动可读为特色。在大众传媒多元数字化的背景下，综合运用现代科技的引进更能推动文化传播的演变进入一个崭新的领域，相契于文字的解读，更透出传统文化的深邃意蕴。为多维度营造文化解读的可能性，吸引更多公众喜欢文物、阅读文物，“丝路物语”可谓设计精良，处处体现出反复构思、创新的态度。设计重点关注视觉交流的层面，借助丰富的图像资料和多媒体技术大幅强化传统文化元素可视、可听、可观的直接特征，有效提升文化遗产多维度的观感效果。古人著书立说重字画兼备，“宣物莫大于言，存形莫善于画”，所以由“图书”一词合称。本书系选用了大量专业文物图片，整体、局部、多角度展示，让读者在阅读文字之余通过精美的图片感受文化的震撼与感动，让读者更好地认知历史、感知经典，体验当代创新之趣。

“丝路物语”书系，以弘扬互利共赢的丝路精神为使命。“丝绸之路：长安—天山廊道的路网”在东亚古老的华夏文明中心和中亚历史悠久的区域性文明中心之间建立起长距离的交通联系，在游牧与定居、东亚与中亚等文明交流中具有重要意义，并见证了古代亚欧大陆人类文明与文化发展的主要脉络及若干重要历史阶段以及突出的多元文化特征，是人类进行长距离交通、商贸、文化、宗教、技术以及民族等方面长期交流与融合的文化线路杰出范例。

2000 多年前，我们的先辈筚路蓝缕，穿越草原沙漠，开辟出联通亚欧非的陆上丝绸之路。这不仅是一条通商易货之道，更是一条文化交流之路。沿着古丝绸之路，中国将丝绸、瓷器、漆器、铁器传到西方，也为中国带来了胡椒、亚麻、香料、葡萄、石榴。沿着古丝绸之路，佛教、伊斯兰教及阿拉伯的天文、历法、医药传入中国，中国的四大发明、养蚕技术也由此传向世界。更为重要的是，商品和文化交流带来了观念创新。比如，佛教源自印度，却在中国发扬光大，在东南亚得到传承。儒家文化起源于中国，却受到欧洲莱布尼茨、伏尔泰等思想家的推崇。这是交流的魅力，互鉴的成果。这些各国不同的异质文化，犹如新鲜血液注入华夏文化肌体，使脉搏跳动更为雄健有力。古丝绸之路绵亘万里，延续千年，积淀了以和平合作、开放包容、互学互鉴、互利共赢为核心的丝路精神。

新时代、新丝路、新长安。2017 年，习近平主席在“‘一带一路’国际合作高峰论坛”上指出：古丝绸之路是人类文明的宝贵遗产。为让这些遗产、文物鲜活起来，西安出版社策划出版的“丝路物语”书系，承载着别样的期许与厚望，旨在以丝绸之路的隽永品格对话当代社会的文化建构，以高度的文化自觉唤醒当代社会的文化自信。

我们作为丝绸之路起点长安的文化工作者，更应该饱含对传统文化的深厚感情，自觉担负起实现中华民族伟大复兴的历史重任，充分运用长安学的最新研究成果，为保护、研究和传承人类文明的宝贵遗产尽心尽力，助推“一带一路”伟大事业的蓬勃发展。

精品力作是出版社的立身之本，亦是文化工作者的社会担当。“丝路物语”书系的出版，凝聚着众多写作和编辑人员的思考与汗水。借此，特别感谢郑欣淼部长的热情赐序；感谢策划人、西安出版社社长屈炳耀先生的睿智选题与热情相邀；感谢相关遗址、博物馆领导的支持和富有专业素养的学者和摄影人员的精心创作；更要感谢西安出版社副总编辑李宗保和编辑张正原认真负责、卓有成效的工作。

“丝路物语”书系的出版虽为刍荛之议、管窥之见，但西安出版社聆听时代声音、承担时代使命以及致力于激活文化遗产、传播中国声音的决心定将引领其走向更远的未来。

是为序。

·李炳武·

陕西省文物局原副局长、陕西省文史馆原馆长、“长安学”创始人、陕西师范大学国际长安学研究院首任院长、三秦文化研究会会长、长安学研究中心主任、著名历史文化学者。

三彩载乐骆驼俑

陕西历史博物馆

目录

开篇词

三秦大地是中华民族生息、繁衍和华夏文明诞生、发展的重要地区之一，中国历史上最为辉煌的周、秦、汉、唐等十三个王朝曾在这里建都。陕西历史博物馆汇聚了来自不同文明的文化，建构出了陕西独有的醇厚博大。不管何种族群，不管来自何方，不管血脉如何，不管信仰差异，只要你踏上了这片古老而神奇的土地，就自然而然会被她所感染，成为她身体肌肤中的一份子。无数铃声遥过碛，天马又衔苜蓿花，而我们正跟随着那匹身驮白练的骏马，走在或将要走在奔赴长安的路上，相信那里一定有一个浪漫唯美的故事在等待着我们的到来。

鎏金铜蚕

丝绸之路的见证

西汉（前206 — 25）

通长5.6厘米，胸围1.9厘米，胸高1.8厘米

1984年陕西省石泉县前池乡谭家湾出土

鎏金铜蚕全身完整，首尾共计 9 个腹节，胸脚、腹脚、尾脚等细节清晰、比例适度。蚕为仰头，似作吐丝的体态，是蚕成熟期阶段的一个艺术表现。蚕形体虽然很小，但造型逼真，刻画细腻，生动可爱。制作时，先用铜模铸成型，然后在表面用金汞剂做了一层涂金装饰，使得不起眼的小动物金光烁烁，引人注目。从鎏金铜蚕的尺寸来看，显然进行了适度的艺术夸张。那么，当时的工匠为何要精工制作这样的“金蚕”呢？

在古代世界，中国是最早开始种桑、养蚕、生产丝织品的国家。甲骨

文中就已经有蚕、桑、丝等象形文字。《诗经·豳风·七月》中有养蚕、作茧、丝织、缝衣过程的描述。清代乾隆年间（1736—1795）陕西兴平桑家镇人、农学家杨屾据此著有《豳风广义》一书，认为先秦时期关中地区的种桑养蚕业非常发达。其实一直到汉代，关中地区的种桑养蚕业都是很发达的。西汉时期，京城长安上林苑里面就有桑苑、蚕室、茧馆、织室。上林苑里的织室，作为皇家生产丝绸的机构，集中了一批丝织高手，所生产的丝织品颜色鲜艳，花纹多样，质量上乘，专门用作缝制皇帝举行重大仪式时所着的礼服——冕服。石泉县位于秦岭南部，气候温暖湿润，据《石泉县志》记载，此地古代养蚕业非常兴盛，这件出土于石泉县前池乡谭家

鎏金铜蚕

湾的鎏金铜蚕，也从一个侧面印证了史书的记载。作为中国传统支柱产业的养蚕制丝，在汉代的陕西地区，从关中到陕南，应该占据着重要的地位。

考古资料显示，早在先秦时期，东西方就已经开始了贸易交往，而产自中国的丝绸是西方人最为喜爱的高档商品。位于俄罗斯阿尔泰山西麓的巴泽雷克（Pazyryk）大墓里，就曾发现过公元前5至前4世纪的中国丝织品。西汉初期，张骞的两次西行，打破了西域游牧民族对丝路贸易的垄断，使中国和中亚、南亚、西亚诸王国之间建立了直接的贸易往来关系，中原地区生产的丝绸开始以国家为主导行销到中亚和欧洲。罗马帝国的古典作家们把盛产丝绸的中国称为“赛里斯（Seres）”。“赛里斯”源自于希腊语“丝”，而希腊语的“丝”则是从汉语“丝”之音“Ser”转化去的。公元1世纪古罗马百科全书式作家盖乌斯·普林尼·塞孔都斯（Gaius Plinius Secundus，23—79，又称老普林尼），在其所著《博物志》（亦被翻译为《自然史》）中说：“（赛里斯）林中产丝，驰名宇内。丝生于树叶上，取出，湿之以水，理之成丝。后织成锦绣文绮，贩运到罗马。富豪贵族之妇女，裁成衣服，光辉夺目。”来自中国的丝绸成为罗马贵族狂热追求的对象，古罗马市场上丝绸的价格曾上扬至每磅约12两黄金的天价，这也造成罗马帝国黄金的大量外流，迫使元老院断然制定法令禁止人们穿着丝衣。而其给出的理由除了黄金外流造成经济损失以外，还有半透明的丝织衣服让年轻女性优美的身姿得以显现，从而引起士兵想入非非，丧失战斗力。最初，人们对这条东西往来的贸易通道没有一个统一的固定名称。1877 年，德国地理学家费迪南·冯·李希霍芬（Ferdinand von Richthofen）在他所写的《中国》一书中，首次把汉代中国和中亚南部、西部以及印度之间，这条以丝绸贸易为主的交通路线称作“丝绸之路”（德文作 Seidenstrassen， 英文作 the Silk Road）。这一名称因形象地概括了这条东西方交流之路的核心内容，被人们广泛接受并沿用至今。可以说，流传广远的丝织品是中国奉献给世界的最重要产品之一，它代表了中华文明对世界文明的伟大贡献。

中国自古农桑并称，蚕桑与谷物享有同等重要的地位。由于蚕在人们生产生活中的重要性，对蚕神的崇拜早在距今五千多年前的原始农业时期就已经出现。商代甲骨卜辞中有“蚕示三牛”“蚕示三宰”的占卜记录，祭祀蚕神要用牛三头，可见祭礼之隆重。战国时期的哲学家荀子著有《蚕赋》，热情赞扬蚕的伟大，讴歌蚕神的文化力量：“屡化如神，功被天下，为万世文。礼乐以成，贵贱以分，养老长幼，待之而后存”。根据《周礼·天官·内宰》的记载，每年仲春，王后带领宫中贵妇祭祀蚕神已成定制。汉代，京城长安上林苑里不仅有种桑、养蚕、缫丝、织室等一条龙的生产线，还有采桑坛、蚕神坛等祭祀场所。每年春天，皇后要率众人来这里视察，并在蚕神坛举行隆重的祭拜活动，这也成为后代一直延续的国家礼仪。

在蚕神崇拜的影响下，出现了以蚕入葬的传统，且以金蚕为贵，并成为显贵者的专属。唐代张守节《史记正义》引《括地志》讲：位于山东临淄的春秋霸主齐桓公墓，在西晋永嘉末年（313）遭人盗掘，“得金蚕数十箔，珠襦、玉匣、缯彩、军器不可胜数”。南梁任昉《述异记》中记载吴王阖闾夫人墓中有“金蚕玉燕千余双”。北宋李昉编纂的《太平御览》中讲秦始皇陵里“以明珠为日月，鱼膏为脂烛，金银为凫雁，金蚕三十箱”。这些记载是否属实？“金蚕”究竟是什么样子？这件汉代鎏金铜蚕的出土，为印证史书的记载提供了重要的物证。虽然这件金蚕是农民在流沙中偶然发现的，但根据同时出土的汉代五铢钱推断，其年代也应该为西汉，其用途与五铢钱一样，很有可能也是用来随葬的。因为在中国的传统文化中，蚕不仅具有实用的功能，还被赋予了孕育、财富等美好意蕴，用它来随葬，可以寄托人们对生生不息、富足美好生活的希冀。

2017 年 5 月 14 日，“一带一路”国际合作高峰论坛开幕式在北京隆重举行。随着国家主席习近平在其主旨演讲中对这件见证了两千多年前丝绸之路历史的鎏金铜蚕的介绍，这件小小的金蚕一下子变成陕西历史博物馆中最受瞩目的明星展品之一，接受着南来北往游客的瞻仰。

镶金兽首玛瑙杯

俏色玉雕的『来通』

唐（618 — 907）

长15.6厘米，高6.5厘米，口径5.9厘米

1970年陕西省西安市南郊何家村窖藏出土

玛瑙杯选用红、棕、白三色相杂的玛瑙制成，俏色纹理和杯体造型的巧妙结合使得玛瑙杯轻盈飘逸，充满动感。这是迄今所见唐代唯一一件俏色玉雕，反映了唐代高超的制玉工艺水平。镶金兽首玛瑙杯造型仿自西方传统的角杯——来通，杯整体似兽角状，但在前端刻画出牛形兽首，兽嘴部镶金盖。金盖造型酷似牛的笼头，其功能是杯盖，金盖后面有金插管堵住流口，使杯中液体不致流出。牛形兽首双目圆睁，凝视前方。头顶为向后扬起的呈弯曲状的螺状双角。杯身自然弯曲，光滑流畅，内部有流与杯

腔相通，杯口近似圆形。

镶金兽首玛瑙杯出土于何家村窖藏的银罐中。1970 年 10 月 5 日，在西安市南郊何家村（唐长安城兴化坊邠王府的位置上）距地表 0.8 米深处发现两个紧挨着的大陶罐和一个银罐，三个罐中共有文物一千多件。这些文物按类计有金银器皿 271 件、金饰品 13 件、玛瑙器 3 件、琉璃器 1 件、水晶器 1 件、白玉九环蹀躞带 1 副、玉带板 9 副、玉镯 2 副、银铤 8 件、银饼 22 件、银板 60 件、金银铜钱币 466 枚，另有金箔、麸金、玉材、宝石及朱砂、石英、琥珀、乳石等名贵药材。研究者根据文物中开元十九年（731）的“庸调”银饼和金银器物的形制、纹饰，以及同瓮出土的中外钱币等推测，这批文物的时代下限应在“盛唐”晚期（约 8 世纪末期）。何家村窖藏文物以数量多、种类繁、制作精美、保存完好而引人注目，这些具有很高历史、科学、艺术价值的文物，不仅反映了繁荣富强的盛唐气象，而且闪耀着中外文化交流互鉴的璀璨光芒。

镶金兽首玛瑙杯的原型起源于西方，希腊人称之为“来通”（rhyton）。希腊的克里特岛在公元前 1500 年已出现此种器物，它像一只漏斗，可用于注神酒。当时人们相信来通角杯是圣物，用它注酒能防止中毒。如果举起来通将酒一饮而尽，则是向酒神致敬的表示，因此也常用于礼仪和祭祀活动。这种造型的酒具传入亚洲，广泛流行于美索不达米亚至外阿姆河地带的广大区域，在西亚、中亚，特别是萨珊波斯（今伊朗）十分常见。来通在西亚出现不晚于公元前 1000 年，早期的来通多呈短而直的圆锥状。

● 镶金兽首玛瑙杯

古波斯阿契米德王朝制造的银来通仍保持圆锥状造型，兽首有羊首、马首、牛首、狮首等。土库曼斯坦尼萨古城安息王宫的库房中出土了一批前 2 世纪制作的象牙来通， 外轮廓均为带弧度的长角形，器首雕出神话人物和动物形象。萨珊朝初期又出现了器身上模塑人像的来通。

来通造型通过丝绸之路经中亚传入西域地区。我国境内时代最早的“来通” 发现于新疆和田约特干遗址，其时代约在公元 3 世纪或公元 4 世纪，该遗址发现的三件来通器身雕塑出长须人像；现藏新疆维吾尔自治区博物馆的一件来通为兽首造型。在撒马尔罕附近片治肯特粟特壁画中出现的兽首来通，其头部造型为带双角的牛首，体现了粟特式来通的造型特征。公元 6 世纪，来通开始在内地出现。从唐代以前的图像资料来看，这种酒具常出现在胡人的宴饮场面中。山西省太原隋开皇十三年（592）虞弘墓椁座左壁浮雕有持角状器于口边的人物形象；椁壁浮雕第三幅亦可见有右手正握一角形器送入口中的人物形象。陕西省三原县唐贞观四年（630）李寿墓石椁线刻画中也有手持兽首杯的女侍形象，从造型看这些来通都属于粟特式来通。

据孙机先生研究，何家村出土的镶金兽首玛瑙杯的造型仿自粟特式来通， 制作的年代约为 6 世纪后期至 7 世纪前期，从风格上看它可能是由在长安的中亚或西亚的工匠，亦或是唐代工匠学习外来工艺后制作的。镶金兽首玛瑙杯所用缠丝玛瑙多产自西域。据《旧唐书・高宗上》载：永徽五年（654），“十二月癸丑，倭国献琥珀、玛瑙，琥珀大如斗，玛瑙大如五斗器”。《旧唐书・波斯传》载：“四月，遣使献玛瑙床。”《旧唐书・拂菻传》载：“土多金银奇宝，有夜光璧、明月珠、骇鸡犀、大贝、车渠、玛瑙、孔翠、珊瑚、琥珀，凡西域诸珍异多出其国。”《唐书・德宗纪》里“倭国献玛瑙，大如王斗器”。可见玛瑙贡品大多来自波斯、拂菻、日本等国。《旧唐书》有“开元十六年大康国献兽首玛瑙杯”的记载，可见有的兽首玛瑙杯是从西域经使者直接传入唐朝的。而这件镶金兽首玛瑙杯则体现了唐朝工匠融会贯通的创造力。来通和玛瑙经丝绸之路传入唐朝，唐朝工匠将中华的审美理念融入其中，采用质地温润的玛瑙为素材，以镶金牛首点缀，创造出兼备中外工艺之美，且具有独特唐代风格的镶金兽首玛瑙杯。

来通传入中原后竖直形的器身逐渐变得平缓弯曲，从洛阳苗湾和湖北郧县唐嗣圣元年（684）李徽墓出土的三彩龙首杯，明显可见对来通造型的模仿和这种杯形的转变。由此也可以看出 7 世纪后期，来通完成了向中国杯形器的转化。

从这件镶金兽首玛瑙杯以及何家村窖藏出土的整个器物群可见，这种具有异域风情的饮酒器具已经融入了唐朝贵族的日常生活，这是唐朝贵族开放豪迈的生活和求新求异审美风尚的体现，也是唐朝中外文明融和的结晶。

三彩载乐骆驼俑

丝路漫漫传佳音

唐（618－907）

高58厘米，长41厘米

1959年陕西省西安市西郊中堡村唐墓出土

三彩载乐骆驼俑中的骆驼站在一长方形踏板上，引颈翘首，张口长嘶；驼背上铺一椭圆形蓝色毯子作鞍，两个驼峰之上架一木质平台，平台上铺着色彩斑斓、菱格纹图案的毛毯；毛毯上有八名乐人，其中一位女子居中站立，右手前举，左臂后拂，似正和着乐曲，引吭高歌；其周围七名男乐手面朝外盘腿而坐，手中分别捧拿着笙、响板、横笛、琵琶、箪篥、排箫、竖箜篌等不同乐器，摇头晃脑，似正忘情演奏。这件三彩载乐骆驼俑是唐代出土的乐舞陶俑中最为典型的一件，是研究唐代音乐舞蹈最为形象而珍贵的资料之一。

这件陶俑色彩明快华丽，蓝、绿、褐、白等多彩并施，系唐三彩俑中的代表之作。唐三彩，是唐代独特的一种低温釉陶工艺，其烧制采用的是二次烧成法。它以细腻的白色黏土作胎料，器物成型、晾干后，首先放入窑内经1000℃的温度烧制。待冷却后，上釉挂彩，再入窑焙烧至800℃即可。由于所施铅釉流动性强，在烧制的过程中釉面向四周扩散流淌，使得以含铜、铁、钴等元素的金属氧化物为着色剂所呈现出来的黄、绿、蓝、白、紫、褐等多种色彩互相浸润交融，从而形成了一种自然而又斑驳绚丽的色彩。三彩也并非专指哪三种色彩而言，一般而言，以黄、绿、蓝三彩最为普遍。但有的器物上也只有单彩，或者两种色彩，更多的器物上则具有较复杂的多种颜色。唐三彩主要发现于长安和洛阳的两京地区，时代主要流行于唐高宗至唐玄宗时期。这件三彩载乐骆驼俑系分塑合成，骆驼和乐舞俑独立塑成，然后组装，整体造型纷繁而不杂乱，严谨而不失灵动，实为中国古代陶俑艺术中的极品。2013 年，被国家文物局列入禁止出境文物名单。

驼背上所载的八位乐人，从面貌上看都是汉人，着装也均为汉族衣冠，但七位乐手手中所执的乐器却既有中原的乐器，也有从西域传来的乐器。其中，笙、响板、排箫是中原的乐器，横笛、琵琶、筚篥、竖箜篌则是从西域传来的乐器。

笛子是一种非常古老的中国乐器，也是中国乐器中最具代表性、最有民族特色的吹奏乐器。早在距今八九千年的河南舞阳贾湖遗址已经发现了

三彩载乐骆驼俑

目前中国最早的骨笛，在湖南长沙马王堆三号汉墓也出土过两支竹笛，但这些笛子都是竖吹的，因此有学者认为它们其实应属于洞箫类乐器，而三彩载乐骆驼俑中乐人横吹的笛子则是从西域传来的，更接近于现代意义上的“笛子”。所以，在隋唐时期，史书对这两种笛子的记载就有非常明确的区分。《隋书·音乐志中》记载：“西凉乐……其乐器有：钟、磬、弹筝、搊筝、卧箜篌、竖箜篌、琵琶、五弦、笙、箫、大筚篥、长笛、小筚篥、横笛、腰鼓等十九种。”其中，长笛指的就是传统的竖吹笛，以区别于从西域传来的横笛。到了唐代，由于在宫廷音乐中广罗博采少数民族的音乐文化，在不同乐种的乐队里既有竖笛，也有横笛。为了区别，横吹笛前常缀以“横”字，称“横笛”；而竖笛则直接称“笛”。到了宋代，许多人已搞不清唐代以前的长笛、笛与宋代横笛的区别，以至于宋代的大学者如沈括、朱熹等都花了很大力气去解释它们。朱熹在《朱子语类》里这样澄清道：“今之箫管乃古之笛，云箫方是古之箫。云箫者，排箫也。”

琵琶，是中国传统的一种民族乐器，大约出现于秦、汉时期，其形制为直柄圆形共鸣箱的直项琵琶，竖抱用手弹奏。南北朝时，曲项琵琶由波斯经今新疆传入中原，当时称作“胡琵琶”，其形状为曲颈，梨形音箱，用拨子演奏，大约在北魏时期出现了手指弹奏琵琶的方法。自魏晋南北朝以后，琵琶样式虽然已趋向定型，但称谓逐渐混乱，直到唐代，琵琶之名才开始固定，圆形的称为“阮”或“阮咸”，因晋代名士阮咸善奏此乐器，故以其名相称；梨形的称为琵琶，并逐渐发展演变为现代的琵琶。

● 三彩载乐骆驼俑（局部）

从北齐到唐代，是琵琶发展史上的第一个高峰，原籍曹国（今乌兹别克斯坦撒马尔罕东北一带）的曹氏家族是其中的杰出代表，如北齐至隋代的曹妙达，因善琵琶在北齐时即被封王，入隋后又被任命为宫中乐官，于太乐教习琵琶技艺。在隋唐九部乐、十部乐中，曲项琵琶已成为主要乐器，对盛唐歌舞艺术的发展起了重要作用。

在唐代，善于弹琵琶的人非常多。唐诗中提及的琵琶高手有曹刚、冯小怜、李管儿等。曹刚生于音乐世家，他与祖父曹保、父亲曹善才祖孙三代都是唐代著名的琵琶大师。《乐府杂录》中记载："曹刚善运拨，若云雨，而不事扣弦，兴奴长于拢捻，不拨稍软。时人谓：'曹刚有右手，兴奴有左手。'"因此，白居易在《听曹刚弹琵琶兼示重莲》中写到："谁能截得曹刚手，插向重莲衣袖中。"刘禹锡也在《曹刚》一诗中写到："一听曹刚弹薄媚，人生不和出京城。"这些都是对曹刚出神入化的琵琶演奏技巧的直接赞誉。元稹《琵琶歌》一诗中提到众多的琵琶演奏名家，像贺怀智、段善本、康昆仑、曹善才等，诗人在赞美了以上几位琵琶演奏家的技艺后说道："段势弟子数十人，李家管儿称上足。"足可见元稹对李管儿琵琶演奏技巧的肯定。白居易在其著名诗篇《琵琶行》中描述了一位虽名不见经传，但却技艺高超的伎女演奏琵琶的情景："大弦嘈嘈如急雨，小弦切切如私语。嘈嘈切切错杂弹，大珠小珠落玉盘。间关莺语花底滑，幽咽泉流冰下难。冰泉冷涩弦凝绝，凝绝不通声暂歇。别有幽愁暗恨生，此时无声胜有声。银瓶乍破水浆迸，铁骑突出刀枪鸣。曲终收拨当心画，四弦一声如裂帛。"这更成为琵琶在唐代流行且高手辈出的最绝妙明证。

筚篥，也作"觱篥"，还称悲篥、笳管、头管、管子，是由古代龟兹（今新疆库车）人发明创造的一种簧管乐器，其名称就是从古龟兹语音译而来。在新疆的许多石窟中都有筚篥的描绘，它是龟兹乐中的固有乐器。筚篥同胡笳、角笛一样，都是竖吹，也经历了由羊骨、羊角、牛角、鸟骨制作，后改用竹子制作这样一个发展过程。不过比起笳和角，筚篥的构造则相对比较复杂，它是在笳的基础上发展起来的。筚篥不仅有簧，而且还吸收了笛的指孔。只是从外形上看，筚篥与笳比较近似，所以人们把筚篥又叫作笳管。

通过丝绸之路传入中原的另外一件重要的乐器就是竖箜篌。箜篌大约在汉代由西域传入，并逐渐成为主要乐器之一。范晔的《后汉书·五行志》中记载："灵帝好胡服……胡箜篌、胡笛、胡舞，京都贵戚皆竞为之。"

《隋书·音乐志》记载："今曲颈琵琶、竖箜篌之徒，并出自西域，非华夏旧器。"唐代杜佑《通典》曰："竖箜篌，胡乐也，汉灵帝好之，体曲而长，二十二弦，用两手齐奏，俗谓之劈箜篌。"箜篌的演奏方法与现在欧洲弹竖琴的方法大致相同，即竖立怀中，用手拨弹。汉灵帝刘宏在位的年代为公元 168 年至公元 188 年，据此，竖箜篌传入中原至少有近两千年的历史了。中国境内已知较早的竖箜篌，是 1996 年在新疆且末县扎滚鲁克一号和二号墓出土的，共出土三件，时代大约属于公元前 5 世纪前后。竖箜篌在隋唐两代宫廷的九部乐、十部乐里，用于西凉、龟兹、疏勒、高昌、高丽乐中，唐俗乐里也用它。竖箜篌还东传到日本，在奈良东大寺的正仓院中，至今还珍藏着唐代制作的一架漆箜篌和两架螺钿槽箜篌残品。

虽然三彩载乐骆驼俑背上乐手们的乐器基本与胡乐相同，但演奏及演唱者均为盛唐时汉人的面貌特点，且均着汉族衣冠，因此，有学者认为这应该是有别于纯粹胡乐而流行于开元、天宝年间的"胡部新声"。所谓"胡部新声"，就是指在唐代新疆地区的少数民族乐舞传至河西地区，经河西汉族人民改造，并融合了汉族乐舞的特点而创造出来的一种新的乐舞形式。关于胡部新声使用的乐器，段安节在《乐府杂录》胡部记载："乐有琵琶、五弦（琵琶）、筝、箜篌、觱篥、笛、方响、拍板，合曲时补击小鼓、钹子，合曲后立唱歌。""胡部新声"以胡乐为主体，但又具有河西和内地汉族乐舞的一些特点，传入长安后，立即受到人们的喜爱。唐玄宗开元二十四年（736），"升胡部于堂上"，正式列入宴飨音乐之内。之后，又专门下诏，令“道调、法曲与胡部新声合作”。胡汉文化的交融使“胡部新声”获得了更广阔和更深厚的基础，大大促进了自身的发展，也极大地丰富和发展了古代华夏音乐文化。

三彩载乐骆驼俑背上的小小乐队，正是唐代兼容并蓄、开放向上时代精神的一个缩影。乐手们演奏着胡汉音乐交融的“胡部新声”，谱写着中西文化交流的精彩篇章。

鎏金舞马衔杯纹银壶

皇帝生日舞马表演的定格

唐（618 — 907）

通高14.8厘米，口径2.3厘米，壁厚0.12厘米

1970年陕西省西安市南郊何家村窖藏出土

鎏金舞马衔杯纹银壶的造型模仿自北方游牧民族的皮囊壶。壶身为扁圆形，上方一端开有竖筒状小口，壶盖帽为覆式莲瓣形，顶中心铆有一个银环，环内套接了一条长 14 厘米的银链与提梁相连，提梁为弓形，焊接在壶的肩部。壶的制作工艺非常独特：先用一块银板锤打出壶体的大致形状，再在壶腹两面各锤打出一只凸起的马，然后将两端接口焊接，并打磨抛光，使其看不出焊缝。银壶主题纹样的双马及壶盖、弓形提梁、同心结处均鎏金，色彩上黄白相互辉映。马后腿曲坐，前腿站立，长鬃覆颈，长

鎏金舞马衔杯纹银壶

尾舞摆，颈上系结飘动的彩带，口衔一只酒杯，喜庆气氛浓郁，动感十足，在唐代诸多表现马的形象中很少见。这里面究竟蕴含着怎样的故事呢？

公元 712 年，经过近百年的积累，唐代社会已经是“商旅野次，无复盗贼”，“人家粮储，皆及数岁”了。这一年的 9 月，初即皇位的李隆基，登上长安皇城的承天门楼，与文武百官一起共同庆祝一个新时代的开始。之后不久的 12 月，唐玄宗就宣布改元为开元，长达 40 年的开元盛世由此拉开了序幕。在李隆基长达 44 年的统治中，不仅为后人留下了一代盛世君主的美名，就连他的生日、他的爱情，也为后世增添了许许多多可供文学创作的素材。

开元十七年（729），宰相源乾曜、张说上书提议，将八月五日玄宗生日这一天定名为千秋节，作为国家的法定节日，唐玄宗愉快地接受了，并布告天下。唐代朝廷制定的五礼之中有嘉礼，是专门规定用于宴飨、庆贺等活动的国家礼仪。《唐六典》卷四讲嘉礼就是“千秋节受群臣朝贺”。八月五日千秋节这一天，唐玄宗在兴庆宫勤政务本楼设宴招待群臣，王公大臣们纷纷向皇帝献上万寿酒、金镜绶带、丝带承露囊，庆贺祝福。千秋节宴会中，最精彩的就是舞马的祝寿表演了。在《倾杯乐》音乐的伴奏中，训练有素、装扮华丽的宫廷舞马出场了，它们踩着节拍，或奋首鼓尾，或纵横应节，舞至高潮时，还跳跃到三层高的板床上旋转如飞；音乐结束时，舞马高昂着马首，四足跪拜在地，将口中衔着的酒杯献给皇帝。唐人郑处诲在《明皇杂录》里这样描述：“玄宗尝命教舞马四百蹄，各分左右，分为部目，如某家宠、某家骄。时塞外亦有善马来贡者，上俾之教习，无不曲尽其妙。因命衣以文镶，络以金银，饰以鬃须，间杂珠玉。其曲之倾杯者数十回。奋首鼓尾，纵横应节。又施三层板床，乘马而上，旋转如飞。或命壮士举一榻，乐工数十人立于左右，皆衣淡黄衫，文玉带，必求少年而姿貌美秀者。”一位没有留下姓名的文人所写的《舞马赋》，也生动地描述了舞马的表演：“或进寸而退尺，时左之而右之，知执辔之有节，乃蹀足而争先。随曲变而貌无停趣，因矜顾而态有遗妍。既习之于规矩，或奉之于周旋。迫而观之，若桃花动而顺吹；远而察之，类电影倏而横天 。”

连续服侍过四朝皇帝的宰相张说，不仅提议创立了千秋节，还具体策划实施了千秋节的庆祝活动，盛世佳节的所见所闻，让这位朝廷“大手笔”思情大开，写下了十多首赞美的诗篇，其中有一首《杂曲歌辞·舞马词》，是专门为《倾杯乐》曲子配写的词。《舞马词》中这样描绘舞马祝寿的神姿：

屈膝衔杯赴节，
倾心献寿无疆。
……
足踏天庭鼓舞，
心将帝乐踟蹰。

在另一首《舞马千秋万岁乐府词》中，张说更是有详尽的描绘：

圣王圣德与天齐，天马来仪自海西。
腕足齐行拜两膝，繁骄不进蹈千蹄。
髬髵奋鬣时蹲踏，鼓怒骧身忽上跻。
更有衔杯终宴曲，垂头掉尾醉如泥。

千秋节是中国历史上第一个法定的皇帝生日，人马同庆，举国共乐。八月五日庆生活动的隆重与热闹，虽有大量的文献记载，但舞马祝寿又是怎样的情景呢？这件鎏金舞马衔杯纹银壶，为我们揭开了这个谜。马脖颈上长长的绶带，象征着长寿；马在经过一番表演之后，口衔酒杯向主人跪拜祝寿，其形象与诗文中的描绘完全相符。一年一度的千秋节，伴随着王朝的前进步伐，也开始发生变化。二十年后的天宝七载（748），玄宗下令将千秋节改为天长节。天宝十四载（755），安史之乱爆发，玄宗仓皇西逃，宫廷舞马亦散落民间，安禄山曾将其中数匹掠至范阳。安禄山败亡后，舞马又为其部将田承嗣所得。有一天，军中宴乐，舞马应节跳跃起舞，士兵视其为妖孽，田承嗣命军士将其鞭挞而死。此后，舞马就鲜为人知了。一百年后，大诗人杜牧来到勤政务本楼前时，昔日的皇家豪华宫殿已经凋零破败、杂草丛生，面对世事沧桑的巨变，他不由得感慨万分，写下了一首《过勤政楼》：

千秋佳节名空在，承露丝囊世已无。
惟有紫苔偏称意，年年因雨上金铺。

当年的宫殿没有了，当年的舞马也绝迹了，但是，一千多年前舞马祝寿这一奇特的皇家娱乐形式，却被定格在鎏金舞马衔杯纹银壶上。这种造型和纹饰的唐代银壶目前仅发现这么一件，故被定为国宝级文物。国家文物局在 2002 年 1 月 18 日公布的第一批禁止出国（境）展览文物目录，它就被列入其中。

鎏金飞狮纹银盒

东西文化交融的见证

唐（618 — 907）

高5.6厘米，口径12.9厘米

1970年陕西省西安市南郊何家村窖藏出土

鎏金飞狮纹银盒为圆形，分盒盖与盒底上下两部分构成，并以子母口扣合。盒盖与盒底面稍稍隆起，中部则趋平坦。盒为锤揲成型，然后经过切削和打磨，修整得圆润光滑。花纹錾刻，以鱼子纹为底，形成密密麻麻的满地装。盖面中心饰一只带翼的飞狮，狮目圆睁，张口亮舌，双耳竖立，独角上扬。狮子双肩伸出的羽毛状双翼向上飞起，背脊上有似龙的戟，身上满饰祥云纹，尾巴蓬松上挑。四肢健壮有力，其中三肢踩踏祥云，一肢翘起。飞狮外围是一圈由双联珠纹夹菱形带点的几何纹组成的圆框，圆框

鎏金飞狮纹银盒

外饰以相间的三组云勾瓣宝相花和三组石榴花。盒盖侧沿上下均饰一圈绳索纹，两道绳索纹之间饰以相间的飞禽与莲叶卷草。盖底中心为一朵枝蔓相连、盘绕成环的宝相花，周围等距围绕着六朵宝相团花，团花之间插以变形的卷云花枝纹。盒底侧上下沿也各饰一圈绳索纹，两道绳索纹之间饰以相间的走兽与莲叶卷草。盒为银质，纹饰全部鎏金，黄白辉映，熠熠夺目。整体造型饱满，纹饰华丽，具有典型的盛唐风格，又兼具浓烈的异域风尚，是同类器物中不可多得的精品。

从目前的考古发现看，唐代金银器皿中数量最多、沿用时间最长的器类就是盒，文献中也常见到金银盒的记载。《安禄山事迹》记载，太真（杨玉环的道号）赐安禄山“金镀银盒子二、金平脱盒子四”。唐代诗人刘禹锡在《为淮南杜相公谢赐腊日面脂口脂表》里记载了皇帝腊日所赐的物品有“面脂、口脂、红雪、紫雪，并金花银盒二，金棱盒二”。著名宰相张九龄在《为郭令公谢腊日赐香药表》中亦提到有“金花盒子两枚、面脂一盒”。唐代金银盒大多为圆形、花瓣形、椭方形。一般来说，较小的金银盒主要盛放化妆品。尺寸较大的盒用途较广，可以珍藏药材、香料或其他珍贵物品，有的可能兼作陈设之用。何家村窖藏出土的金银盒中就有不少装有药材，有的还用墨书详细记载了药材的名称和重量，这件鎏金飞狮纹银盒出土时盒内就有金沙的遗迹。据《唐修本草》记载，金沙具有镇心安神、避恶驱邪的作用，是冶炼丹药的原材料，也是重要的医用药具。

飞狮形象并非现实中的狮子，以狮子作为装饰图案也非中国艺术的传统。狮子，古籍中称为狻猊，原产于非洲、西亚、南亚等地。据文献记载，狮子最早传入我国是东汉章和元年（87），安息国曾遣使献狮子，但这时期传入中国狮子数量非常有限，而且多饲养在王宫内苑，平民百姓很难见到。因而对这种来自远国绝域的罕见之物，在人们心目中便平添了某种极其神秘的色彩，被认为是能食虎豹的殊方异物。在佛教经典中，狮子被视为高贵威严的灵兽，有护法辟邪的功能。随着佛教传入中国，狮子形象开始在中土出现。我国最早的狮子形象是汉代的石雕天禄和辟邪，它们皆有着与狮子相似的形体，肩上长有双翼，身上饰以云纹或火焰纹，头上还有长角，其中一角者为天禄，两角者为辟邪，两者都是传说中可以攘除灾难、永安百禄的神兽。隋唐时期，中外交流频繁，通过丝绸之路进献的狮子数量远超于前代。当大量活生生的狮子走进了人们的视野，不带翅膀的真实狮子的艺术造型才替代了天禄和辟邪。唐代狮子造型大多为宽阔的额头，颈上涡状鬃毛一束束卷起，挺胸昂首，腿部的肌肉强健有力，在写实中强调雄浑大气，注重内在力量的表现。

但这件银盒上的狮子形象却与当时的时代风格有着很大的差异。据学者研究，这种飞狮形象可能来源于萨珊银器上的塞穆鲁（Senmurv）形象。塞穆鲁是祆教中的三大神兽之一，其主要形态为犬首、鸟身，另外，还掺杂有麝、狮子、猪等动物的某些特征。相传塞穆鲁栖息在湖中岛的圣树上，能催云化雨，减少人类的病苦。起源于伊朗游牧部落原始信仰的祆教至少在公元前 6 世纪形成，是古代伊朗占统治地位的宗教。公元 3 世纪波斯萨珊王朝创建后，祆教重新兴盛，并取得了国教的地位。作为祆教神兽的塞穆鲁在萨珊王朝的地位犹如中国古代的龙，象征着帝王的权威和国势的兴隆，尊贵无比，因而塞穆鲁图案被大量用在织锦、雕塑及金银器皿上。这件银盒上的飞狮纹应该是外来宗教文化观念中的塞穆鲁与中国传统神话传说中的天禄、辟邪相结合的产物。它是漫长的丝绸之路上、广袤的欧亚大陆间，各种不同文化交织互动、相互融合的实物见证。

此外，主题纹饰周围绕以绳索纹或联珠纹组成圆框的装饰手法，也非中国传统的装饰手法，在 8 世纪中叶以前萨珊银器上却曾大量出现过，被称为“徽章式纹样”。银盒上的宝相花是由中国传统的云朵、勾卷纹样，以及西方传入的忍冬叶、莲花的部分造型组合而成，是独具特色的唐代装饰纹样，这种对外来纹样的大量吸收成为唐代金银器装饰方面的一大显著特点。从这件银盒的纹饰可以看出，唐人在对外来纹样吸收的同时对其进行了逐渐改造，从而使之成为唐代自身文化的一部分，这既反映了唐人非凡的开放态度，又体现了唐人在成熟的开放心态下所具有的创新精神。

摩羯纹金杯

多源文化互通的佳作

唐（618 — 907）

高3.5厘米，杯口最大径13.1厘米，最小径7厘米

1983年陕西省西安市太乙路出土

摩羯纹金杯侈口、浅腹、圈足，整个杯体造型为四瓣海棠花形。杯内底中心锤揲出凸起的摩羯戏宝珠纹，底纹为錾刻的细密水波纹，水波纹外饰一周联珠纹，联珠纹外又錾刻一周花瓣纹。杯内壁以花瓣为栏形成四个区间，每一区间内錾刻一阔叶折枝花，折枝花两侧錾刻对称的花草，折枝花及花草上部沿杯口内侧錾刻有花瓣纹。圈足外侧也錾刻一周花瓣纹。

这件金杯从造型看，应是对波斯萨珊式银器的模仿和改造。在 3 世纪至 8 世纪，伊朗高原流行一种杯口呈长椭圆形、器壁呈多曲花瓣状的杯子。

由于这一时期伊朗高原主要是由波斯萨珊王朝统治的，这种多曲长杯便被视为典型的萨珊式器物。多曲长杯多为八曲或十二曲，口沿和器身呈变化的曲线，宛如一朵开放的花朵，这种造型独特的器物受到当时人们的普遍喜爱，并沿着丝绸之路向东逐渐地传播开来。这种多曲长杯在 4 世纪新疆库车克孜尔第 38 窟主室顶部的壁画上就出现过，山西大同北魏城址中也曾出土过一件银的八曲长杯。截至目前，已发现的属于唐代的这类长杯更是多达几十件，有金、银、玉、玻璃等各种质地。

摩羯纹金杯

摩羯纹金杯（俯视）

在唐王朝统治区域内发现如此之多的萨珊式器物，应与萨珊与唐王朝的密切往来有关。据统计，萨珊与唐王朝通使达到 29 次，其中包括萨珊灭国后其余部及后裔等仍以萨珊名义多次进行的通使。唐永徽二年（651），萨珊国王伊嗣俟三世与大食人（阿拉伯人）争战，兵败逃至吐火罗斯坦被杀，萨珊王朝终结。其子卑路斯在咸亨年间（671—674）带领部从流亡到长安，被唐高宗册封为右武卫将军。仪凤二年（677），唐高宗还应卑路斯的请求在长安醴泉坊建立一座波斯寺。这位末代波斯王子一直在长安客居至死，他的随行部从也多定居中土。从文献古籍中看，当时来华的波斯人为数不少，其中就包括能够“广造奇巧”的手工匠人。这些波斯人不仅带来了自己的产品，还在中土广为制作包括多曲长杯在内的萨珊器物。北魏至唐代初期的多曲长杯，仍带有萨珊式多曲长杯内部有突出棱线的特征。这种风格与中国传统器物光滑的内壁不同，使用功能也不符合中国人的习惯。优美的形态和使用上的缺陷在观赏与实用之间产生了矛盾，为此，唐代工匠减少长杯分瓣内曲的数量，淡化内壁突起的棱线，加高器足和器身使之更具稳定感。经过不断的改进和调整，中晚唐时期出现了如摩羯纹金杯这种四曲高足状的长杯。这种风格的多曲长杯表现出了不同于萨珊式长杯的面貌，并最终成为唐代的创新作品。

这件金杯的主题纹饰摩羯，则来自古印度文化。摩羯，梵文称makara，是古代印度神话中一种长鼻利齿、鱼身鱼尾的神异动物，被尊奉为河水之精、生命之本，有吞噬一切烦恼的法力。它的形象来源于鲸、象、鱼、鳄等动物。从公元前3世纪中叶开始，摩羯纹就出现在古代印度的雕塑、绘画艺术当中，在佛教寺院建筑的塔门中更是常见。两晋时期，随着佛教经典的汉译，摩羯纹被介绍到了中国。大藏经《一切经音义》卷四十对摩羯的解释："摩羯者，梵语也。海中大鱼，吞噬一切。"摩羯纹最早见于东晋顾恺之的《洛神赋图》（宋摹本），摩羯相伴在洛神所乘的六龙云车两侧。陕西西安北周粟特人安伽墓中也发现有雕刻的摩羯图案。这些早期的摩羯纹基本保持了威猛的印度原生形象，巨口、长鳍，利齿、目光凶猛、长鼻上卷。至唐时期，摩羯纹饰或造型大量出现在中国的建筑、陶瓷，尤其金银器上。这时期的摩羯纹比起古代印度的摩羯纹，表现形式更加多样化。除了单一摩羯鱼形象外，出现了首尾相接的两摩羯追逐嬉戏以及摩羯戏珠纹样。摩羯的形象也发生了变化，在中晚唐时期的金银器上摩羯增添了龙角和双翼结构。本文中这件金杯上的摩羯纹就带有双翼、头上长有分叉角，这种形象显然融入了中国传统文化当中的“鱼龙变化”因素。华夏民族是一个农耕民族，风调雨顺对农业经济至关重要，因而产生了对水的崇拜。鱼是水中最为常见的动物，自然地被奉为主雨之神。雨从天降，所以雨神需要有飞天的能力。远古先人们便创造性地为鱼装上了鸟翅，使之能升天、降雨，继而衍生出了家喻户晓的“鲤鱼跳龙门”故事，并自汉代一直传颂至今。具有中国本土特色的“鱼龙变化”故事与古代印度摩羯纹相结合，使中国人更加容易理解和接受，同时也具有了吉祥、祈福的新寓意。辽宋时期，摩羯的长鼻子逐渐变短、消失，中国化的龙头鱼身摩羯纹已经完全替代了印度的摩羯纹。

无论是源自萨珊的多曲长杯还是源自印度的摩羯纹，传入中国后都经过了从模仿到创新的演变。虽然在这一过程中，其母体本来的特征有所减弱，但却反映了外来文化在中国的融合和发展。开放的唐朝，政府的宽容政策和广泛的多边交流，使人们学习和模仿能力得到了前所未有的发挥，并以极大的自信和独立性进行改造、创新。这件摩羯纹金杯便清晰地反映了唐代工匠通过模仿和改造，将外来器物和纹样变成中国化风格器物的发展轨迹。

摩羯纹金杯的发现地点西安市太乙路，是唐长安城东市所在地。作为国际性大都会的唐长安城设有东市、西市两大城内商业贸易区。据史料记载，当时东市有货财 220 行，其中就有金银行，专门经营金银器，故推测这件金杯可能是金银行的遗留物。

『杜』虎符

秦代调兵遣将的凭证

战国（前 475 —前 221）

高4.4厘米，长9.5厘米，厚0.7厘米

1973年陕西省西安市南郊沈家桥村出土

“杜”虎符原为两半相合而成，现仅存左半。铜质，虎形，虎作昂首行走状。虎符背面有长弧形状的凹槽及凸起的三角状牝榫，以与右半牡榫相合。虎符正面打磨得非常光滑，上有错金铭文，总计 9 行 40 字，字体为典型的秦代小篆字体，其释文为：

甲之符，右才（在）君，左才（在）杜。凡兴士被（披）甲，用兵五十人以上，必会君符，乃敢行之。燔燧之事，虽母（毋）会符，行殹（矣）。

“杜”虎符内部

这段铭文的意思是：用于调兵的符，右半符存于君王之处，左半符存于杜地的军事长官手中。凡要调动军队 50 人以上，杜地长官所持的左符要与使臣所持的右半的君符验合，只有相符了方能用兵。遇有紧急情况可以点燃烽火，不必会合君王的右符。

由此可知，这件左半符为战国时期秦国驻扎在杜县的军事首领所掌握。杜，是地名，西周有杜伯国，秦武公十一年（前 696）成为秦国的杜县。杜县辖区包括今西安市东南曲江林带路至西南高新电子城一带，“杜”虎符出土地沈家桥村正在杜县范围内，其附近至今还有杜城村之地名。

古代，符和节都是一种重要的凭证，或用作发兵遣将，或用作过关通行。春秋战国时期，礼崩乐坏，战争频仍，国与国、人与人之间背信弃盟

“杜”虎符外部

之事常有发生，严重的社会不信任感急需一种技术含量高、不易损坏或难以仿制的独特信物来作为凭证，于是用青铜或金银制作的符和节便应运而生，并流行起来。战国四君子之一的信陵君魏无忌，其姐姐是赵国惠文王弟弟平原君的夫人，当秦军围困赵国都城邯郸时，赵国向魏国求救，魏王害怕秦国报复，不敢真心帮助。为了帮助赵国，也为了魏国免遭秦军的灭国之危，信陵君置生死于度外，用计借魏王如姬之手窃得魏王所掌握的那一半兵符，据此与将军晋鄙的另外一半兵符相合，使晋鄙率军救助赵国，成功击败了秦军，由此形成的历史典故“窃符救赵”，流传至今。“窃符救赵”也成为诸多传统剧种创作的题材。当代常用词语“符合”“相符”等，都是这一时期兵符使用制度的孑遗。

在游牧民族文化中，人们认为威武勇猛的虎具有驱邪除害、保佑平安的护符作用，很早以前就开始用虎形来作护身符，如距今四千年前的巴克特里亚（Bactria，阿富汗北部，今巴尔赫）青铜文化中，就有嵌宝石虎形金护符。陕西凤翔虢镇出土过春秋时期秦国的金虎，为虎符的右半侧，属国君所执掌，虽然没有文字，但出土于秦国都城，很可能就是秦国王室用物。“杜”虎符是我国现存最早的具有铭文的虎符实物，那么它具体制作于何时？主人又是谁呢？根据虎符上“右在君”铭文并结合《史记·六国年表》分析，秦国的这位“君”，就是秦惠文君。秦国历史上，大概有 20 多位国君，而以王称君者只有秦惠文君一人。公元前 337 年，秦惠文君执掌秦国为君，前 325 年改君称王，据此，“杜”虎符的制作年代大致在前 337 至前 325 年称王前的这 12 年间。中国国家博物馆收藏有一件“阳陵”虎符，是秦始皇统一中国后颁发给阳陵驻地将领的，上有错金铭文“甲兵之符，右在皇帝”，从“右在君”到“右在皇帝”，小小的虎符也见证了秦国的壮大和统一。

虎符的使用一直延续到汉之后，如南朝梁昭明太子萧统所著《文选·潘勖〈册魏公九锡文〉》中就讲：“授君印绶、册书，金虎符第一至第九。”陕西历史博物馆收藏有隋代的铜虎符，造型和使用方法与“杜”虎符类似。唐代，高祖李渊为避其祖父李虎名讳，改虎符为鱼符，不仅用于调兵，也作为身份证使用。鱼符也分为左右两半，左符由官府掌握，右符由官员携带，鱼符底侧中缝还有“合同”二字，以备官员进出宫殿时合符查验。宋代废除了鱼符，重新改用虎符来调动军队。元代，符牌制度极为发达，据《元史·兵志》记载，金虎符用来典兵，因此，也被称作“典兵牌”，是除了皇帝圣旨牌之外最重要的军事符牌。朝廷给每个行省的最高军事长官颁发两面金虎符，作为皇帝赋予统兵权的象征。因此，虎符不仅用来统兵，也成为身份等级的重要标志，自然，造型与装饰也都有了很大的变化。

“杜”虎符上的铭文是采用独特的错金工艺制作出来的。错金工艺属细工，兴起于春秋时期。这种工艺是先在器物的表面刻出文字或图形的凹槽，然后把一定宽度的金丝嵌入凹槽之中，再用厝石打磨平整，使两种不同的材质紧密结合、融为一体，经过抛光处理后，色彩对比鲜明，黄金文字突出醒目，极大地提升了图案的装饰效果。“杜”虎符上的错金铭文在虎身正中的显著位置，虽历经两千余年却无丝毫脱落，错金工艺之高超令人叫绝，制作者当属秦国宫廷金匠。另外，虎符关乎国家战略安全，具有唯一性，不仅需要掌握、运用高科技，还需要有一套对生产者及生产流程严格管理的制度。完整的调兵规定，先进的制作水准，小巧精致的“杜”虎符也饱含着秦国军事管理的高超谋略和深远思想。“杜”虎符耀眼的金辉与黑亮的本体浑然一体，显得高贵、典雅，使得一件调兵遣将的实用器同时也不失为一件罕见的艺术品。秦国贵族对品味的追求，由此可见一斑。符与节都是特殊的信物，使用它们的也都是位高权重的达官显贵，因此，对其制作也竭尽所能，除了“杜”虎符，战国时期的错金“鄂君启”铜节、西汉南越王的错金铭文铜虎节等，沿袭的都是这样的传统。

琉璃瓶

供养舍利的外来器皿

隋（581—618）

高8.4厘米，腹径7厘米

1986年陕西省西安市东郊长乐路隋代寺院主持墓出土

这件琉璃瓶出土于隋开皇九年（589）西安清禅寺塔基地宫，是一件珍贵的供养舍利的外来器皿。琉璃瓶呈绿色，颈细腹圆。腹部有4个直径2.5厘米的突起圆饰，瓶肩有4个对称突起的三角装饰。这些圆形和三角装饰，都是在器物成形后，再通过磨琢而成，属于冷加工工艺。

《药师琉璃光本愿经》云："愿我来世，得菩提时，身如琉璃，内外明澈，净无瑕秽。"因为琉璃具有晶莹透彻的特性，佛徒僧众将之对应佛性之清净无尘，从而把琉璃视为佛家七宝之一。

琉璃瓶

魏晋南北朝时期，随着佛教在中国的传播，为了表达对佛祖遗骨的供奉和宣扬佛法，逐渐形成对佛教圣物——舍利的供奉瘗埋制度。所谓供奉瘗埋制度，就是在塔基地宫中，用层层套装的容器盛装舍利，以表达对佛骨的崇拜和供养，所以塔基出土的琉璃器大多都是舍利盛器。目前，中国发现的最早的舍利塔基，位于河北定州，属于北魏时期的一座佛塔。在塔基夯土中发现有一件太和五年（481）的盝顶盖方石函，石函内放置有多件北魏皇室供奉的珍贵物品，其中琉璃容器有七件。隋文帝统一全国后，将弘扬佛法作为全国文化统合的手段之一，仁寿年间三次在全国 110 州分赐和瘗埋舍利。《舍利感应记》记载，隋仁寿元年规定全国范围内的舍利逢迎和瘗埋制度为："将于海内诸州选高爽清净三十处，各起舍利塔。皇帝于是亲以七宝箱奉三十舍利，自内而出，置于御座之案，与诸沙门烧香礼拜。愿弟子常以正法护持三宝，救度一切众生。乃取金瓶琉璃各三十。以琉璃盛金瓶，置舍利于其内，熏陆香为泥，涂其盖而印之。"可见，琉璃容器被用作盛放金瓶的第二重舍利容器。

出土这件琉璃瓶的西安清禅寺塔基地宫，是迄今发现隋代最早的地宫，其形制继承和发展了东魏北齐的地宫样式。从地宫出土的砖铭可知，该地宫是隋清禅寺大德昙崇为弘扬佛法、瘗埋舍利而修建的。另据《续高僧传》卷十七《释昙崇传》记载："崇福感于今愿，流于后望，建浮图一区，用酬国俸。帝闻大悦，内送舍利六粒，以同弘业。"可见这件琉璃瓶正是用于存放隋文帝所赐舍利的容器。

这件绿琉璃舍利瓶在瓶身下半部均匀分布着四个"凸边凹心"的凹透镜，在每个凹透镜内，都隐约映现出对面镜饰的缩影。通过研究发现，这件琉璃器皿属于典型的萨珊玻璃制品，石英砂和天然碱是两种制作玻璃的最主要矿物质。三千年前，在富含上述两种优质矿物质的两河流域，产生了最早的玻璃器皿。继古罗马帝国之后，位于伊朗高原的波斯帝国萨珊王朝，在两河流域的影响下，于公元前 1000 年前后，开始生产玻璃珠饰等，公元 1 世纪开始生产吹制玻璃器皿。3 至 7 世纪是伊朗高原玻璃业最为兴旺发达的时期，除了生产大量玻璃珠饰、纺轮外，还制造精美的高级玻璃器皿，供上层社会享用和出口。萨珊王朝生产的玻璃，一般被简称为萨珊玻璃。萨珊玻璃在世界玻璃中心由西向东转移的过程中是重要的过渡站，在继承和发展玻璃工艺上起到了承前启后的作用。萨珊玻璃器皿造型浑朴，喜欢用连续的圆形作为装饰，与萨珊时期流行的联珠纹相一致。萨珊玻璃工艺继承了罗马玻璃工艺的特点，特别是发展了冷加工的磨琢工艺，在玻璃器外壁磨琢出突起的凹球面，形成一个个小凹透镜。据学者分析研究，这种凹球面磨饰玻璃器在伊朗高原出土最多，流行时间最长，大约始于帕提亚王朝晚期，萨珊王朝时期最为兴盛，到伊斯兰早期衰落。

制作精美的萨珊玻璃器皿，通过丝绸之路传到了中国，在当时被称为“琉璃”，这种表述一直沿用到明末。西晋文学家潘尼曾写有《琉璃碗赋》，赋中介绍琉璃碗是“览方贡之彼珍，玮兹碗之独奇，济流沙之绝险，越葱岭之峻危，其由来阻远。”文中所称沿着丝绸之路从域外传入的琉璃碗，推测就是萨珊王朝时期制作的玻璃器皿。赋中还赞美说：“凝霜不足方其洁，澄水不能喻其清。刚过金石，劲厉琼玉，磨之不磷，涅之不浊。”考古发现可证实，这种以突起圆圈纹装饰外壁的萨珊玻璃器皿，在 5 至 6 世纪，沿着丝绸之路经西域传入中原。至隋唐时期，这种萨珊玻璃器皿不仅得到了当时上层社会的喜爱，装点着贵族们的日常生活，还被用于神圣的佛舍利供养，成为佛教仪轨中的“七宝”之一。

《宫女图》

盛唐仕女画的代表

唐（618 — 907）

高168厘米，宽188厘米

1960年陕西省乾县永泰公主墓前室东壁南侧揭取

《宫女图》共绘九人，在为首宫女的引领下，彼此顾盼呼应，错落有致地站为两排。为首者目视前方，仪态俨然，双臂交叉于胸前，正欲起步前行，从其丰容仪态看，似为这班宫女的首领。其他八位宫女紧随其后，或顾盼交流，或独自伫立，手中分别执有圆盘、烛台、方盒、团扇、高脚杯、如意、拂尘、包袱等。据《新唐书·百官志》记载，唐代宫官里有“尚寝局……掌燕见进御之次叙，总司设、司舆、司苑、司灯。……司灯、典灯、掌灯各二人，掌门阁灯烛。”该图中宫女们手中所捧的物品与史料记载基本相符，

●《宫女图》

故推测其身份应为宫官尚寝局中的司设、司舆、司灯的女官和女史们。整个画面塑造的应是夜幕降临后，一群宫女正要去侍奉主人就寝的一个场景。

这幅宫女图出土于永泰公主墓的前墓室东壁南侧。永泰公主名李仙蕙，是高宗李治与武则天的孙女，中宗李显的第七个女儿。唐大足元年（701），年仅 17 岁的公主因与其皇兄邵王李重润、夫婿魏王武延基等人，聚在一起私议祖母男宠张易之、张昌宗兄弟淫乱宫闱、跋扈专政一事，从而触犯了武则天，被逼自杀。中宗复位后，于神龙二年（706）将爱女从洛阳迁来，并与驸马都尉武延基合墓陪葬乾陵。虽然永泰公主在人生最美好的花季突遭不测，但在死后却承恩受宠、备享哀荣。

神龙二年五月十八日（706 年 7 月 2 日），是中国一代女皇武则天祔葬乾陵的黄道吉日，也就是在这同一天，永泰公主被迁来入葬。不仅如此，其墓葬“号墓为陵”，规格与帝王陵墓相当，永泰公主从而也成为中国历史上唯一一个享受如此墓葬规制的公主。1960 年，考古工作者对永泰公主墓进行了发掘。该墓坐北向南，由斜坡墓道、5 个过洞、6 个天井、2 个甬道、前后墓室及 8 个小龛组成，全长 87.5 米，形制巨大。该墓在历史上虽然屡遭盗扰，但仍出土各类随葬品达 1300 余件。墓中壁画颇具规模，是该墓最具代表性的文化遗存，也成为最引人注目的闪光亮点。特别是这幅宫女图，更代表了盛唐时期人物画，尤其是仕女画的最高水平。

这群宫女的着装充分反映了初唐向盛唐过渡之际，胡风汉韵杂糅、继承与借鉴并举的时代风尚。图中九位女子，除左起第三位举烛台和最后一位捧包袱者外，其余七位皆着窄袖衫、半臂、长裙和帔帛，此为初唐以来女子常服的标准样式。只是此时女子的衣领敞口普遍比初唐时期变大、变低，甚至半袒胸乳，恰如唐代诗人所言“长留白雪占胸前”“粉胸半掩疑暗雪”。而举烛台的女子穿着的则为翻领交衽长袍，系西域传来的少数民族男服样式，所以也被称为胡服。捧包袱的女子身穿圆领开衩长袍，腰系鞶囊，下着窄口条纹裤，亦系当时胡化了的男装；而其头上所带的幞头，却为唐朝男性常服的基本组成部分；其脚上的线鞋，也为唐朝女子最常用的样式。在唐代，供奉内廷的宫女常着男装，可能因男装紧凑、便捷，更适于劳作之故。这类着男装的宫人，被称之为“裹头内人”。所谓“裹头”，即头裹幞头。如果只着眼于身上穿的，她们也被称为“袍袴”。所以唐人也有“遥窥正殿开帘处，袍袴宫人扫御床”的诗句。“袍袴宫人”即“裹头内人”，为宫中执杂役的女侍。唐代在安史之乱前，虽然“女为胡妇学胡妆，伎进胡音务胡乐”，社会上也流行女着男装和胡装，但总体看，女性着褒博的裙、衫、帔依然是主流，也是上层妇女的向往和追求，而着紧凑袍袴者则一般地位较低，其身份主要为女侍和伎女。所以在目前所见的形象资料中，从未见着袍袴者打头领先的，永泰公主墓这幅壁画中两位着男装和胡装宫女在图中的位置，也进一步印证了对唐代女着男装和胡装流行状况的认识。安史之乱后，反思变故之因，强调华夷之辨，之前的女着胡服甚至被视为“服妖”，因而唐代中晚期女着男装和胡装的现象则萧然匿迹，传统女装更变得日益肥大了起来。

该幅壁画在人物布局上打破了初唐时期的平行排列式，构图或密或疏，人物或聚或散，使得整幅画面主次清楚，节奏分明，气韵生动。在有限的空间里，人物正、背、侧、转互相穿插，前、后、高、低对比呼应，回顾、前趋、低语、默然等各种姿态相互配合，达到了既统一又有变化，即简洁又丰富的艺术效果。人物造型的准确性也达到令人惊异的程度，人体比例恰到好处。流畅遒劲的线条挥洒自如，特别是那富于弹性和质感的铁线描，有的竟长达一米二以上。特别突出的是对中间那位持杯宫女的描绘，她头部微低，腰胯稍倾，整个身躯微微地扭转成“S”形曲线，双手柔若自然地捧起一只玻璃杯，优雅恬静，风华宛然。这种“S”状曲线型女性形象，应该是随着丝绸之路的畅通，佛教文化特别是佛教造像对唐代画工产生了相当程度的影响和启发，从而使得唐代的人物画一改早期稳健端庄却稍显呆板单调，而变得轻盈灵动、神形兼备的一个典型代表。

这幅唐墓壁画虽因时隔一千多年，颜色略有剥失，但仍能给人以强烈的美感，让今天的我们不得不惊叹画师深厚的功力和高超的艺术造诣。这幅壁画不仅是唐墓壁画，特别是唐代仕女画的上乘之作，同时也为研究唐代的宫廷生活，提供了极为宝贵的形象资料。

《阙楼仪仗图》

盛唐政治变革的历史画卷

唐（618 — 907）

高304—420厘米，宽968厘米

1971年陕西省乾县懿德太子墓墓道东壁揭取

公元 706 年 5 月，唐长安城西北 80 公里以外的乾陵东南脚下，耗时一年多营建的一座陪葬墓刚刚完毕。墓葬长达 100.8 米，仅墓道就有 63 米长、3.9 米宽，与 63.1 米长、3.9 米宽的乾陵隧道几乎相同；里面结构复杂，有 6 个天井、7 个过洞、8 个便房、前后甬道、前后墓室，象征着皇宫里错落有致的殿堂庭院，绘满墙面的壁画，更是气势宏伟、金碧辉煌，尤其是墓道东西两壁紧随青龙白虎之后的《阙楼仪仗图》，在葱茏翠绿、充满生机的山峰衬托下，高大的阙楼巍峨屹立，阙楼之内的仪仗队伍浩浩荡荡。

《阙楼仪仗图》(其一)

如此高规格的墓地，将要安葬的是由洛阳迁来的懿德太子李重润的灵柩。安葬前，按照礼仪，由太史官宣读哀册。700余字的册文内容，由被誉为“文章四友”的著名文学家、宰相李峤亲自撰写：“林野晦而天无色，烟云愁而景欲寒”，“呜呼哀哉，筑思台兮竟不旋，还作室兮复何年。访来人兮伤对日，瞻去鹤兮感浜天。”虽然李重润去世已有5年，但哀文传递出来的伤感情绪和悲痛气氛，仍然让人们唏嘘不已。

李重润（原名李重照，武则天时为避讳而改名），是唐中宗李显的嫡长子。李显作为唐高宗与武则天的第三子，命运也曾一帆风顺：公元680年24岁时被立为太子，第二年就与韦妃生下了嫡长子李重润。李重润的到来，让年已54岁且被病痛缠身的唐高宗看到了皇位后继有人的希望。在李重润满月时，唐高宗以大赦天下、赐酺三日、改元永淳来隆重庆祝。紧接着，又立李重润为皇太孙并开设官署。683年8月，皇太子李显奉命到东都洛阳随高宗封禅嵩山时，年仅一岁半的李重润还以皇太孙的身份留守京师。如果一切正常的话，李重润将按部就班地晋升为皇太子，进而成为大唐帝国的第五任皇帝。然而，变幻莫测的政局将这一切彻底改变。684年2月，当上皇帝仅仅两个月的李显，就被武则天以“汝欲以天下与韦玄贞（李显岳父）”的罪名废为庐陵王，贬往千里之外的房州，开始了他长达14年的流浪生涯，两岁多的皇太孙李重润也被废为庶人，随同父母离开皇宫。公元698年，已经76岁的武则天，在大臣们的强烈劝谏下，又将李显召回长安，重新立为皇太子，16岁的李重润也被封为邵王，在皇宫里开始了新的生活。然而，好景不长，3年后，意想不到的悲惨命运再一次降临到李重润的头上：因触犯武则天被处死，几起几落终成李唐和武周权力之争的牺牲品，他的死也是盛唐初期最为惨痛的事件之一。

公元705年正月，在太子位上忍辱负重了7年的李显，依靠大臣们的帮助，重新坐上了阔别20多年的皇帝宝座。大唐国号一恢复，李显便在政治上为李唐王室成员平反昭雪，他追封李重润为懿德太子，在其父高宗乾陵附近选择了一处风水宝地来重新安葬李重润，并为没有婚娶过的李重润安排了一桩冥婚——聘国子监大臣裴粹之亡女与其成婚合葬，在礼制上给予李重润"号墓为陵"的特殊待遇：兼具帝陵与太子陵之制度，壁画《阙楼仪仗图》就是帝王之制的代表。

图中门楼旁的一组阙楼为一母二子的三出阙，由方形墩台、平座、屋身、庑殿形屋顶四部分组成，木质构建的衔接处均贴金装饰。阙，《中华古今注》解释为观也，用以标表宫门，人臣将相至此则思其所阙（缺）。阙有三等：单阙，二出阙，三出阙。三出阙是皇帝享用的最高礼制，考古发现的三出阙遗址也证实了这一点，如秦始皇陵园东西内外城之间的三出阙，北魏洛阳城宫城正门阊阖门前、隋唐洛阳城宫城应天门前、唐大明宫含元殿前以及唐乾陵宫城、内城、外郭城南门前的三出阙等等。阙楼之后的仪仗队由步行卫队、骑马卫队和车队组成，总计百余人，其中步行卫队54人，又分成6队，每队6—10人，每队队首一人举狮或豹旗，仪卫皆佩横刀、弓、胡禄；骑马卫队29人，又分成6队，每队4—5人，前列队首一人执

●《阙楼仪仗图》（其二）

七旒红旗，其余旗帜或饰旒，或绘虎豹等动物，最后一列4人举贴金雉尾扇，仪卫亦皆佩横刀、弓、胡禄；车队有3驾马车，驾士18人，马夫3人，车厢左插九旒旗，右插棨戟，棨戟上画出如两己相背的黼纹。按《旧唐书·舆服志》所记，其仪仗属皇太子规格，但雉尾障扇（长扇）却是天子仪仗用具，《新唐书·仪卫志》记载："大驾卤簿，天子在前方，随行队伍浩浩荡荡，……次雉尾障扇四，执者骑，夹繖。"图中雉尾障扇的形状也与传为阎立本所绘的《步辇图》（现藏北京故宫博物院）中唐太宗身后宫女所执雉尾障扇相同，属帝王用物无疑。

不仅三出阙、雉尾障扇，懿德太子墓壁画中的24杆列戟也是皇帝礼制，加之随葬的镇金玉哀册、贴金甲骑具装俑、三彩三花大马，天子之相油然而生，在唐代"号墓为陵"或"制度尽用天子礼"的几个特殊墓葬中也仅此一例。这是身为皇帝兼父亲的李显的良苦用心，让不幸的儿子在虚拟的皇宫里实现皇帝的梦想，并随青龙白虎驾鹤升天走向永恒，这也是盛唐初期政治大变革

●《阙楼仪仗图》(其三)

●《阙楼仪仗图》(其四)

珍贵的历史画卷。

除了地下，懿德太子墓地面上陵园、石刻也一应俱全，陵旁建有陵庙，庙内设有官署，负责守护及一年四季的供奉祭享，一直到100年后的唐宪宗元和年间（806—820）才停止了陵庙的供奉祭祀。陵庙之外，在长安城皇城外西南角的延寿坊内还建有懿德太子庙，作为王室为懿德太子祈福超度之地，中宗皇帝还让乐工为懿德太子庙创作了六首乐章，供祭奠时演奏，庙内祭奠的香火一直绵延至唐玄宗天宝年间（742—756），朝廷才将其与章怀、节愍等六位太子庙合并一处成七太子庙，让他们一起记录唐代历史中那些惊心动魄的特殊片段。

羊首勺

鬼方将领的挹酒器

商（前1600—前1046）

通长28.5厘米，勺径9.5厘米

1977年陕西省清涧县解家沟村出土

羊首勺，青铜质地，由勺首和勺柄组成。勺首呈半球形，直口圜底。扁平形勺柄从勺口一侧伸出，柄端为一圆雕羊首，两角盘曲，双目圆睁，作张口嘶鸣状。柄面正中有一长方形镂孔，镂孔之上朝向勺首方向，前站一鹿，后立一虎，鹿身上的梅花和虎身上的斑纹清晰可辨。鹿耳直竖，小嘴微张，目视前方，似作奔跑状；虎型健硕，大口张开，长尾曳地上卷，身体略微后倾似作捕食状。栩栩如生的画面，形象生动地表现了自然界弱肉强食的真实场景。

在我国古代，勺不仅用于舀水、舀汤，还用于舀酒。勺首有圆形和椭圆形之分，勺柄有长短、宽窄之别。一般来说，舀水的勺首大、柄短，舀汤、舀酒的勺首小、柄长。这件羊首勺出土时与其他酒器伴出，因此学者们推断它应该是舀取酒的挹酒器。

青铜酒器从功能上分有盛酒器、温酒器、饮酒器和挹酒器等，但一直以来，对挹酒器的关注度却不是很高。先秦典籍中有关于挹酒器的记载，如《诗经·小雅·大东》：“维北有斗，不可以挹酒浆。”《诗经·大雅·行苇》：“酌以大斗，以祈黄耇。”此两处之“斗”，都是挹酒器。《周礼》中也有关于丧礼时以“斗”舀水、沐洗尸体的记载，这说明“斗”不仅可以挹酒，还可以舀水。

羊首勺

根据《仪礼·士冠礼》："有框实勺、觯、角柶。"郑玄注："勺，尊斗，所以酒也。"《说文解字》："尊斗者，谓挹取于尊之勺。"说明"勺"的用途与"斗"同，均为从盛酒器中挹酒之器。

斗和勺都是挹酒器，那两者有什么区别呢？从考古发现来看，斗首腹深大于口径，成圆桶状，斗柄接在斗首腰部，其形制特征，与金文"斗"字相近。勺首腹深与口径比例相差无几，成碗状，勺柄与勺首则在勺口沿处连接。也正因为此，羊首勺被定义为"勺"而非"斗"。

目前考古发现最早的勺已有七千年之久，是在河南密县莪沟新石器早期的一批墓葬中出土的，共有 7 件，是陶质的，分别放在深腹陶罐内，长度在 14—22 厘米不等。山西陶寺遗址一座大型墓葬中出土了一件彩绘大木勺，放置在彩绘大木盘中，柄长近 1 米。

羊首勺最引人赞叹的是勺柄上装饰的动物形象，生动写实，富有情趣。山西石楼后兰沟曾出土过一件蛙首斗，器型和殷墟出土的斗相同，斗首和斗柄的纹饰也属于商式风格，但是在柄端却有圆雕动物纹，为一蛙形，两侧再各饰一蛇。陕西延川县马家河乡用斗村出土的羊首匕，匕身呈簸箕形，扁柄上有一个跽坐的人，一只垂尾的老虎紧随其后，与羊首勺的风格极为近似，只是将鹿换成了人。这类动物纹风格的铜器在北方青铜器中极为常见，设计别致，制作精美，所铸动物形象栩栩如生，不仅具有极高的艺术特色，而且也富含浓郁的地域文化风格。

陕西东北部和山西西部黄河两岸，发现了多处这类包含有动物纹风格的文化遗存，其时代大多属于商代中晚期，其最远扩及范围，往北大约可到鄂尔多斯，往南可达汾河下游、洛河、泾河中上游地区。目前，在黄河西岸的米脂、绥德、清涧、子洲、子长、延川、延长、甘泉诸县，在黄河东岸的石楼、保德、柳林、永和、隰县、吉县等地，先后出土过多批青铜器。由于石楼、绥德辖区内所发现的此类文化遗存最多，故青铜器研究者也习惯称此种文化类型为“石楼—绥德类型”。

关于石楼、绥德和清涧的方国问题，学者们多有研究。殷墟卜辞中常记载某方侵扰商王国北土、西土，这些方国的侵扰不断威胁着商朝的统治，双方的斗争有时还很激烈。陈梦家《殷墟卜辞综述 · 方国地理》也指出，与商王朝敌对的各个方国成为商王武丁到文丁时期的主要敌人，商王朝与各个方国之间屡有战争，其时用兵的重点是西北的方、土方和鬼方，其中鬼方活动在今陕北、内蒙及其以北辽阔地区，是更强大的游牧部落。武丁之妻妇好曾数次组织军队进行征伐，征服了鬼方，解除了侵扰，扩大了统治区域。对此，《后汉书·西羌传》的记载是：“至于武丁、征西戎、鬼方，三年乃克。”

商末商王势力衰落，鬼方又逐渐强大起来，时不时侵扰中土，周朝时鬼方又成为周王朝的劲敌。著名的小盂鼎记载周康王时期周王朝和鬼方交战，双方参战兵士有两三万人，战役前后进行了两次，共生擒鬼方酋长4人，杀死兵士近4000名，俘虏14000余人，缴获战车100多辆，马100多匹，牛羊近400头，最后西周军队攻克了鬼方国都。由此也可看出，鬼方实力雄厚，是一个有着高度发达经济和军事水平的部族。鬼方的文化也很发达，特别是青铜铸造业的发展已达到了较高的水平，不仅能铸造武器、生产工具、车马器和装饰品等小型青铜器，还能仿造商周青铜器，铸造花纹繁缛、形制精美的大型青铜礼器。

鬼方所统治的范围位于欧亚草原大通道的南缘，文化面貌呈现出多样性，青铜文化中既有商文化因素，也有北方草原文化色彩，具有鲜明的地域特色。商人与北方族群的战争与交往，使北方族群吸收了不少商文化的因素；其北方草原文化色彩，则应从更遥远的欧亚草原其他地区去寻找其来源。因此，清涧出土的这件羊首勺，是在商文化和欧亚草原文化的共同影响下产生的。与这件挹酒器同出的其他青铜礼器都说明，该墓的墓主人绝非等闲之辈，应是一位地位显赫、身份尊贵的方国将领。

葡萄花鸟纹银香囊

贵族妇女的奢侈品

唐（618 — 907）

直径4.6厘米，链条长7.85厘米

1970年陕西省西安市南郊何家村窖藏出土

葡萄花鸟纹银香囊用厚 0.05 厘米的银片制成上下两个半球形，一侧以钩链相勾合，一侧以活轴相套合；下部球体内又设两层银制的同心圆机环，外层机环一头与球壁相连，一头与内层机环、金香盂之间用银铆钉分别在 90 度的位置连接，连接的各层之间还衬有管状垫片，这样机环既可灵活转动，又都相互垂直，使里面直径仅有 2.8 厘米的金香盂始终保持重心向下而不会倾覆，设计之科学与巧妙令人叹绝。唐代，一种被称为香球的金属焚香器内部也有这种机关，元稹《香球》诗有生动描述：“顺俗唯团转，居中莫动摇。爱君心不测，犹讶火长烧。”日本正仓院收藏的一件来自唐王朝的银香球（日本圣武天皇的遗物），正是元稹所言香球的实物。

其实这种原理的金属熏香器在汉代就已经流行了。汉代刘歆撰写的《西京杂记》中记载有：长安城一位名叫丁缓的能工巧匠，恢复了久已失传的绝技，制作出神奇无比的卧褥香炉（又名“被中香炉”），其内部“为机环转运四周，而炉体常平，可置之被褥，故以得名。”东晋时，孔挺还借鉴这种原理制造出双重同心环浑天仪，使黄道环可以随意固定在赤道的任何一点上。唐初李淳风又进行了改革，制作出三重同心环的浑天仪。

中国发明的这项技术，对后来欧洲的社会生活和科学技术都产生了巨大的影响。据中国学者马文宽研究，埃及马穆鲁克王朝（1250—1517）流行的金属伊斯兰香球，上下两半以子母扣相合，内部结构为由三个同心圆机环构成的常平架和焚香盂，外壁镂空花纹，其制作技术就源自唐代的香囊，很可能是怛罗斯（Talas，今哈萨克斯坦江布尔附近）战役之后，由唐代金银工匠带到了中亚西亚，后来又经过伊斯兰工匠的模仿使其扎根于西亚、北非，并传入欧洲。这种技术，现代力学称之为“常平架”。16 世纪时，欧洲航海罗盘开始出现一种称为“万向支架”的常平架，它由两个铜圈绕成，两圈的直径略有差别，使小圈正好内切于大圈，并且用枢轴把它们联结起来，然后由枢轴把它们安在一个固定的支架上，罗盘就挂在内圈中，这样，不论船体怎样摆动，罗盘总能始终保持水平状态，以免除海浪对罗盘的影响。现代航海、航空技术中导航和自动领

葡萄花鸟纹银香囊

航的磁罗经、电罗经都采用的是常平架装置，欧洲人称这种装置为“卡尔达诺悬体”，它是现代陀螺仪的基础。“卡尔达诺悬体”是以卡尔达诺的名字命名的，卡尔达诺（Girolamo Cardano，1501—1576）是意大利文艺复兴时期被誉为百科全书式的学者，但是他既没有发明，也没有制造过这种装置，只是1551年在他的一部著作中描述过常平架，后人便因此用他的名字来命名。其实，早在卡尔达诺之前的一千多年，汉都长安丁缓的发明就被记录在《西京杂记》中，而唐代用这种技术原理制作的实物还被保存到了今天。可以说，这是中华文明对欧洲近现代工业文明的又一大贡献，也是中华文化向西传播的典型事例。

中国古代有妇女佩带香囊以消灾避害的习俗，南梁吴均《续齐谐记》“九月登高”条记载：吴越之地的人们在九月九日这一天喜登高饮菊花酒，妇女则佩戴茱萸香囊，以求吉利。唐代，金银制作的香囊是上流贵族才得以享用的奢侈品，唐代慧林《一切经音义》“香囊”条中就讲金银香囊“为妃后贵人所用之物”。《旧唐书·玄宗杨贵妃传》讲：安禄山反叛，玄宗等逃离长安，途径马嵬坡时，赐死杨贵妃，并葬于此地。玄宗后来自蜀地重返京都，念及旧情，秘令改葬。当挖开旧冢时发现：“初瘞时以紫褥裹之，肌肤已坏，而香囊仍在。内官以献，上皇视之凄婉，乃令图其形于别殿，朝夕视之。”说明杨贵妃身上戴的就是这种金银香囊，而且还是她与皇帝李隆基的爱情信物，唐代诗人张祜有一首《太真香囊子》诗似可为证：

蹙金妃子小花囊，销耗胸前结旧香。

谁为君王重解得，一生遗恨系心肠。

唐代，这种常平架构造的金银香囊，目前考古发现的仅有 8 件，均出土于陕西，其中 6 件出自西安（沙坡村窖藏 4 件、三兆村唐墓 1 件、何家村窖藏 1 件），2 件出自扶风法门寺地宫。最初将这种形状的器物命名为熏球、熏炉或香球，陕西扶风法门寺唐代地宫出土的《衣物帐碑》记载，唐僖宗供奉有“香囊二枚重十五两三分”，经与出土实物核对，才知唐人将这种器物名之为“香囊”。

宋元时期，这种结构的金银香球不仅仍用于贵族的日常生活，还是朝廷仪仗时使用的礼器。如陆游《老学庵笔记》卷一记：“京师承平日，宗室戚里岁时入禁中，妇女上犊车，皆用二丫鬟持香毬在旁，在袖中又自持两小香毬，车驰过，香烟如云，数里不绝，尘土皆香。”明代，周祁《名义集》中称这种香囊为“银囊滚毬”。田艺蘅《留青日札》“香球彩球”条则记载的更为具体：“今镀金香球如浑天仪然，其中三层关捩，圆转不已，置之被中而火不覆灭。”中国国家博物馆收藏的 1 件明代铜香球也印证了这一点。

『皇后之玺』玉印

汉代最高等级的玺印

西汉（前206—25）

高2厘米，边长2.8厘米

1968年陕西省咸阳市韩家湾乡狼家沟出土

“皇后之玺”玉印为羊脂白玉琢制而成，玉质莹润，纯净无瑕。印体为正方形，边长约合汉代的一寸，是典型的“方寸玺”。印钮为一只高浮雕的螭虎形象，匍匐回首，凶猛矫健；螭虎腹下对钻一孔，用以穿带系佩。印体四侧在长方形的阴线框内雕有卷云纹；印面阴刻篆体“皇后之玺”四字，印面布局疏朗，笔画刚劲流畅，字体结构工整大方。这件“皇后之玺”不仅是目前所见汉代最高等级的印玺，而且还以其精美的玉质、规整大气的玺文字体、娴熟的雕刻技法，成为中国古代最为有名的玺印之一。

● “皇后之玺”玉印

玺印，即印章，其起源可以追溯到商代，但直至战国之前，尚无可靠实例发现。战国时期，玺与印不分，不管是标明官阶、爵秩的官印，还是其他各种用途的私印，均可称玺。印体以正方形居多，也有圆形、长条形或折矩形等。官印质料以铜为主，钮式以鼻钮为最常见；私印除铜质以外，也用玉、银、骨、琉璃等材质，印钮有鼻钮、覆斗钮、兽钮等。印文有阴文和阳文，书体为籀书，即大篆。秦始皇统一六国后，规定只有皇帝用的印才能称玺，一般人用的只能称印。秦印的印面逐步定型，官印有方寸印和半通印（方寸之半）两种样式，印文之间和四边常有界栏，书体为小篆。秦私印以半通形居多，间有方形、圆形等。汉代印制承袭战国及秦，但除皇帝外，太后、皇后、诸侯王和王后的印也可称玺，一般的官印和私印皆称“印”或“章”。官印印面沿袭秦制标准，但取消界栏，作为新颁官印的标志。受此影响，私印也逐渐淘汰了界栏形式。汉印字体为汉篆，并成为此后各个朝代印文书体的主要形式之一。特别是汉代玉印由于使用了砣制技术，使得印文笔画流畅精微，转折自如，线条边缘光洁，印文底部亦匀整如一，体现了汉代冶印工艺的最高水准，这在“皇后之玺”玉印上都有充分的体现。

“皇后之玺”印文

“皇后之玺”玉印是目前所见汉代唯一一枚帝、后级别的官印，对于研究汉代帝、后玺印制度意义巨大。东汉学者卫宏所撰的《汉旧仪》记载：“皇后玉玺，文与帝同。皇后之玺，金螭虎钮。”但一直以来专家学者都对此记载中“皇后之玺”既称玉玺又为金质的矛盾难以疏解。这枚白玉螭虎钮“皇后之玺”玉印的面世使学者们相信，“金螭虎钮”应当是传讹或者后人妄改，实际情形应该是：皇后玉玺，文与帝同。皇后之玺，玉螭虎钮。另外，《汉旧仪》还记载有：“皇帝六玺，皆白玉螭虎钮，文曰皇帝行玺、皇帝之玺、皇帝信玺、天子行玺、天子之玺、天子信玺。”虽然目前尚未发现汉代皇帝的印玺，但根据这枚“皇后之玺”的质料、钮式、印文，不仅证明了“皇后玉玺，文与帝同”的历史记载，也间接证明了《汉旧仪》中关于皇帝玺印制度的可信性，而且其形制也应该与“皇后之玺”玉印相去不远。“皇后之玺”玉印是 1968 年 9 月的一天由一位放学回家的小学生偶然捡拾而得，它被发现的地方陕西省咸阳市韩家湾狼家沟，位于渭河北岸的西汉帝陵区。学者们将“皇后之玺”玉印与近年出土的汉初“吴阳”玉印的文字气势和琢制特点、汉高祖卒年前后颁制的“高寝丞印”封泥文字等进行比较，判断该玺印具有汉代初年的风格；并根据其出土位置距离汉高祖刘邦与吕后合葬的长陵只有约一千米，认为其极有可能为吕后曾用之印。

“皇后之玺”玉印的质料为和田玉中最为珍贵的羊脂玉。和田玉属于软玉，在矿物学上属于透闪石类。和田玉有狭义和广义两种，狭义的和田玉专指产于新疆和田玉龙喀什河（白玉河）和卡拉喀什河（青玉河或墨玉河）次生矿床的子玉和山料玉，广义的则将新疆塔里木盆地以南昆仑山和阿尔金山的透闪石玉都称为和田玉。和田玉按颜色的不同，可分为白玉、青玉、黄玉和墨玉四种，而其中尤以白玉深得宠爱，这是因为自古以来白色都被视为纯洁的象征。白玉中的羊脂玉因色白质润，形似羊脂，故而得名。虽然目前学术界关于和田玉最早进入中原的时间还没有形成定论，但根据现有资料看，应该不晚于商代晚期。

中国的玉器制造具有非常悠久的传统。全世界共有三个地方以玉器工艺闻名，即中国、墨西哥和新西兰，而其中以中国用玉的历史最为源远流长。中国新石器时代的先民们在使用石器的过程中发现了有些石头质地细腻坚韧、色彩美丽、温润光泽，因而这些“石之美者”逐渐就从一般石材中脱颖而出，并被称之为“玉石”。古人认为玉是天地精气的结晶，是人神心灵沟通的中介物，因此玉石除制作成为装饰品外，大部分都制作成与宗教祭祀活动有关的器物。这一时期的玉料多为就近选材，玉料不仅多元，而且石、玉混用。到了新石器时代晚期，在辽河流域的红山文化和太湖流域的良渚文化中，透闪石类玉石已占主要地位。而在黄河中下游地区，直至殷商时期，才改变了之前石、玉混用及玉料多元的局面，透闪石类玉石成为主流。经矿物学家研究，殷商之际中原地区这些用透闪石类玉石制作的玉器，其玉料大部分来自古代西域（今天的新疆地区），都属于广义的和田玉。这使我们有理由相信，随着社会的进步和文明的发展，古代民族间的交流和经济贸易加强，使得从远距离传运玉料成为可能。

经过西周到春秋战国时期，为了统治的需要，统治者将玉石的各种物理性能比附于人的品德，从而产生了“君子贵玉”的传统。到了秦汉时期，一方面是儒家思想中的“贵玉”传统得到了继承和发扬，另一方面随着长生不死、羽化升仙思想的盛行和厚葬之风的兴起，专为保存尸体不朽而制作的随葬玉器也开始大为流行。作为一种凝结了天地之精的稀有物品，玉一直也是沟通天地人神的媒介以及财富和权力的象征。在上述观念的影响下，至汉代，对玉器的推崇程度更是达到了一个前所未有的高度，玉器被广泛用于礼仪朝聘、丧葬、装饰，或做成艺术品和实用器，以供观赏和使用。

从殷商至汉代，在崇玉、贵玉文化的强烈驱使下，作为诸多透闪石之冠的和田玉，便以其独特的品质，成为华夏各朝代王权最青睐的宝物。在汉代，说玉，就是指新疆玉、和田玉。因而，和田玉被源源不断地从西域输往中原，造就了一条亚洲东部与中亚腹地政治、文化、商贸交流的“玉石之路”。之后，正是在此基础上，才有汉武帝时期“丝绸之路”的开通。“玉石之路”和“丝绸之路”为东西方文明的交流发挥了巨大而深远的作用，而这一切都滥觞于在其中承担了重要媒介作用的和田白玉。

彩绘釉陶载物骆驼俑

行进在丝路上的沙漠之舟

唐（618 — 907）

长53厘米，高42厘米

1971年陕西省礼泉县郑仁泰墓出土

彩绘釉陶载物骆驼俑形象地表现了行进在丝绸之路上的沙漠之舟——骆驼的形象。骆驼为昂首行走状，驼背上铺有椭圆形花毯，上搭木鞍架，架上驮有一条装满东西的长圆形花袋，袋上两旁各横置丝、绸两卷。绸中间为白色，两头系红色。丝为两股，拧绞如绳状，呈蓝色。丝的下边一旁吊有扁壶、马勺、野鸡、兔子等，一旁吊有刀鞘、箭囊等。另有一只猴子蹲于袋上，头已残。

彩绘釉陶载物骆驼俑出土于唐太宗昭陵陪葬墓之一的郑仁泰墓，该墓位于礼泉县烟霞公社马寨村西南约 250 米处。郑仁泰墓志志盖阳刻“大唐

彩绘釉陶载物骆驼俑

右武卫大将军使持节……”根据志文，郑仁泰卒于龙朔三年（663），麟德元年（664）十月二十三日陪葬于昭陵。郑仁泰墓南北长 53 米，由长斜坡墓道、5 个天井、5 个过洞、甬道、墓室等部分组成，每个天井两侧的墓道两壁凿有 5 对小龛。该墓虽被盗扰，但从墓龛内依然发现了 400 余件随葬陶俑，这件彩绘釉陶载物骆驼就是其中较有代表性的一件。

郑仁泰墓共出土了 6 件陶驼俑，都是双峰骆驼俑。双峰驼产于中国及中亚，属巴克特利亚种。《山海经》记载：“橐驼善行流沙中，日三百里，负千斤。”汉代在新开拓的西域地区，为了商业和军事目的，在驼队中使用了双峰驼。这种双峰驼被称为大夏驼，在运输士兵、商品货物通过戈壁沙漠时，因其很高的实用性和良好的安全性，而得到了汉人的喜爱。汉武帝《轮台诏》讲到汉伐大宛国：“朕发酒泉驴、橐驼负食，出玉门迎军。”汉朝的骆驼都是从西北地区和西域获得的。《后汉书·窦宪传》记载，永元三年（91），窦宪率军出击北匈奴“获牲口马牛羊橐驼百余万头”。敦煌悬泉置遗址出土的汉代简牍记载，西域国家疏勒、鄯善、莎车、乌孙、康居、大宛诸国都向汉朝进贡骆驼。西安沙坡村出土的西汉骆驼为双峰驼，整体造型十分高大，高 73.5 厘米，长 90 厘米，没有任何装饰。河南南阳画像石中出现人物驾骆驼形象，骆驼为双峰驼，前蹄抬起，向前奔跑。四川新都画像砖上的骆驼形象生动有趣，驼背上铺一方毯，上面一个人正在敲击演奏乐器。

北朝时期，随着中原与西域的交流，骆驼是战争、商贸、文化交流中的重要交通工具。《周书·吐谷浑传》记载：“夸吕又通使于齐氏。凉州刺使史宁觇知其还，率轻骑袭之于州西赤泉，获其仆射乞伏触扳、将军翟潘密、商胡二百四十人，驼骡六百头，杂彩丝绢以万计。”同时，由于骆驼更普遍地从丝绸之路进入中原人们的生活，人们更加了解和熟悉了骆驼的习性。《北史》记载：“风之所至，唯老驼预知之，即嗔而聚立，埋其口鼻于沙中。人每以为候，亦即将毡拥蔽鼻口。其风迅，斯须过尽。若不防者，必至危毙。”北魏墓葬出土载物骆驼俑，表现了骆驼载物运输的形象。洛阳北魏元邵墓骆驼俑背驮带鞍架，铺长毯，毯上有货袋，袋的前后有扁壶、兽等。咸阳胡家沟西魏大统十年（544）侯义墓出土的载着束丝的骆驼俑，山西太原北齐天保十年（559）张肃俗墓出土的载着一捆捆丝绸的骆驼俑，更使人联想起“无数驼铃遥过碛，应驮白练到安西”的诗句。

唐代，丝绸之路再次繁荣，被誉为“沙漠之舟”的骆驼，作为陆上丝绸之路的主要交通工具，承担起了更加繁忙的任务。骆驼不仅善于负重，而且能够凭借其超常的耐力穿越沙漠戈壁，陪伴丝路旅人度过漫长而艰辛的旅途。唐代段成式所著《酉阳杂俎》卷一六记载：“驼卧腹不贴地，屈足露明，则行千里。”唐代，除了西域进贡骆驼外，唐朝还通过商贸和战争等手段获得骆驼。《新唐书·五行志》记载：“神龙以后，民谣曰：‘山南乌鹊窠，山北金骆驼，镰柯不凿孔，斧子不施柯。’山南，唐也，乌鹊窠者，人居寡也；山北，胡也，金骆驼者，虏获而重载也。”

继承北朝载物骆驼俑的造型特征，隋唐时期墓葬中出土的载物骆驼俑的骆驼造型更加写实生动，驼背上的物品种类更加丰富，也更注重细节的表现。山西太原隋开皇十七年（597）斛律彻墓出土的两件骆驼身上驮有丝绢、皮囊，囊端有虎头装饰，上面还坐了一个胡人。西安西郊中堡村唐墓出土的三彩载货骆驼俑，除了驮有束丝，还有商队旅途中的水壶和山羊、野雉、兔子等食物。郑仁泰墓出土的载物骆驼俑，其驼背上除了扁壶和野鸡、兔子，还有一只造型生动有趣的猴子。猴子的设置不仅为整个骆驼俑的造型带来了活力，也可能是旅人在漫长丝路旅途中找寻乐趣的真实写照。载物骆驼俑还出现于晚唐时期的墓葬中，如西安长安区贾里村从唐大中四年（850）裴氏小娘子墓出土的2件载物骆驼俑，其驼背上有一五彩虎头形囊包。

据郑仁泰墓志记载，郑仁泰曾为"凉、甘、肃、伊、瓜、沙六州诸军事，凉州刺史……"唐代时，上述六州相当于今天的甘肃武威、张掖、酒泉、安西、敦煌及新疆哈密等地，是"丝绸之路"必经的河西走廊和西域地区。这批驮有丝绸的彩绘釉陶骆驼，以及该墓墓室壁画中所绘的载物骆驼画面，都反映了唐代丝绸之路上商旅往来的真实情境。

鎏金鹦鹉纹提梁银罐

贮藏丹药的宫廷重器

唐（618 — 907）

长53厘米，高42厘米

1970年陕西省西安市南郊何家村窖藏出土

鎏金鹦鹉纹提梁银罐短颈、溜肩、鼓腹，矮圈足为喇叭形，整体形态圆润柔和，典雅大气。罐体与提梁、盖子、圈足焊接或套插在一起，衔接紧密，浑然一体，提梁至今都可以灵活自如地上下活动。银罐的装饰更是引人注目，最吸引人眼球的腹部是精心打造重点表现之处。腹部中间主题纹饰在两个正面以鹦鹉为核心，两个侧面以鸳鸯为核心，四周环绕折枝花草。鹦鹉写实，鸳鸯抽象，折枝花草叶阔花大、肥厚繁茂。盖面中心装饰一朵宝相花，一周环绕葡萄、石榴、忍冬蔓草纹。主题纹饰及辅助纹饰都

鎏金鹦鹉纹提梁银罐

鎏金鹦鹉纹提梁银罐（盖）

经过鎏金处理，熠熠生辉，光彩夺目。整个器物造型饱满，装饰华丽，制作精细，在目前发现的唐代金银器中仅此一件，1996 年被国家文物局定为国宝级文物。

鹦鹉俗称“鹦哥”，属鸟纲鹦鹉科。鹦鹉种类繁多，仅羽毛就有白、赤、黄、绿等颜色，非常艳丽。鹦鹉寿命也比较长，经人驯养后还能学人说话。中国有着悠久的驯养鹦鹉的历史，河南安阳殷墟遗址，距今三千年前的商代女英雄妇好墓里就出土有玉雕鹦鹉。《礼记·曲礼》里讲：“鹦鹉能言，不离飞鸟。”东汉末年桀骜不驯的才子弥衡曾作《鹦鹉赋》以托物言志，赋里称鹦鹉“奇姿”“殊智”“明慧聪善”，是来自“西域之灵鸟”，也是娱宾送人的绝好礼物。唐代，鹦鹉被认为是“神鸟”，受到皇帝以及宫廷贵族的宠爱，也是周边邻国向唐王朝进献的重要贡品。《旧唐书·玄宗上》记载：开元八年（720），“南天竺国遣使献五色鹦鹉”，《旧唐书·宪宗下》也有记载：“柯陵国遣使献僧祇僮及五色鹦鹉、频迦鸟并异香名宝。”唐代宫中所养鹦鹉，以唐玄宗和杨贵妃的白鹦鹉“雪衣娘”最有名，唐代郑处诲《明皇杂录》中有详细记录：

开元中，岭南献白鹦鹉，养之宫中。岁久，颇聪慧，洞晓言词，上及贵妃皆呼为雪衣娘。性既驯扰，常纵其饮啄飞鸣，然亦不离屏帏间。上令以近代词臣诗篇授之，数遍便可讽诵。上每与嫔御及诸王博戏，上稍不胜，左右呼雪衣娘，必飞入局中鼓舞，以乱其行列，或啄嫔御及诸王之手，使不能争道。忽一日，飞上贵妃镜台，语曰：“雪衣娘昨夜梦为鸾鸟所搏，将尽于此乎？”上使贵妃授以《多心经》，记诵颇精熟，日夜不息，若惧祸难，有所禳者。上与贵妃出于别殿，贵妃置雪衣娘于步辇竿上，与之同去。既至，上命从官校猎于殿下，鹦鹉方戏于殿上，忽有鹰搏之而毙。上与贵妃叹息久之，遂命瘗于苑中，为立冢，呼为鹦鹉冢。

雪衣娘的聪慧通人性，成为了绝唱，也成为画家笔下表现的对象，擅长画宫女的周昉就以鹦鹉雪衣娘的故事创作了《妃子教鹦鹉图》《白鹦鹉践双陆图》，张萱创作有《写太真教鹦鹉图》，这些原作虽已不存于世，但其粉本却一直流传至辽宋时期。1999年，考古工作者在内蒙古赤峰宝山一座辽代墓葬中，发现北壁绘制有宫女与鹦鹉的大幅壁画，壁画右上角还墨书题诗一首：

雪衣丹觜（嘴）陇山禽，
每受宫闱指教深。
不向人前出凡语，
声声皆（是）念经音。

有学者根据文献记载和画面内容分析考证，认为壁画题材应为《杨贵妃教鹦鹉图》，内容源自唐代的粉本。

以鹦鹉为主题纹样来装饰金银器就是在这样的社会背景下流行起来的。在宫廷用器上，鹦鹉还常常与鸳鸯、鸾凤、蝴蝶、鸿雁等飞禽纹样一同出现，象征着美满、智慧、吉祥；辅助的葡萄、折枝花等植物纹样，则象征着多子多福、兴旺发达。

鎏金鹦鹉纹提梁银罐盖子内面墨书有“紫英五十两”“白英十二两”十字。紫英即紫石英，白英即白石英，均属矿物药材。紫石英、白石英、钟乳石、赤石脂、硫磺是道家制作五石散的主要原料。五石散药性燥热，服用后需吃冷食，饮温酒，洗冷浴，着薄衣，故也称为寒食散。魏晋时期，道士们就流行服用五石散，认为可以健身祛病、益寿长生，这种风气一直延续到唐代。从唐太宗开始，就深信服食丹药可以延年益寿、长生不死。

唐太宗之后，几乎每位唐代皇帝都与丹家有关，不少炼丹的道士出入宫廷，成为皇帝的座上客。据清代学者赵翼《廿二史札记》中统计，唐代22位皇帝中有15位热衷于服食丹药，有5位最终因丹药中毒而死。皇帝的喜好带来了达官显贵们的效仿，白居易晚年曾回忆韩愈、元稹、杜牧、崔元亮等朋友服食丹药之情景，感慨万端地写下一首《思旧》诗：

闲日一思旧，旧游如目前。
再思今何在，零落归下泉。
退之服硫磺，一病讫不痊。
微之炼秋石，未老身溘然。
杜子得丹诀，终日断腥膻。
崔君夸药力，终冬不衣绵。
或疾或暴夭，悉不过中年。
唯余不服食，老命反迟延。

鎏金鹦鹉纹提梁银罐上的墨书题记表明它是贮存药物的容器，其造型与唐乾陵章怀太子墓壁画《宫女图》中宫女所提器皿相同，由此推断唐代殿中省下专掌后宫医方药物之事的尚药局，一个很重要的职责就是管理五石散之类的丹药。道教认为“服金者寿如金”，“金银为食器可得不死”，因此，皇宫中讲究用金银器皿来贮藏丹药。除了鎏金鹦鹉纹提梁银罐中的紫英、白英，何家村窖藏还出土有朱砂、钟乳、密陀僧、黄粉、金箔、麸金等药物，都有镇静安神、益气明目、健体提神的作用，在唐代均属名贵药物，它们也都存放在制作精美、密封严紧的金银盒子里，盒子上面还有墨书，详细记录名称、重量以及服食注意事项等等。此外，还有煎药、服药的各种金银器皿，件件精雕细刻，美妙绝伦。可以看出，在社会安定、繁荣富裕的和平时期，伴之以杯觥交错、流光溢彩的奢华生活，以皇帝为首的上层贵族对长生不老的追求，也达到了登峰造极的程度。

《杂技图》惊险刺激的空中飞人

唐（618 — 907）

2008年陕西省西安市长安区庞留村武惠妃墓出土

《杂技图》位于武惠妃墓室北壁东部，内容表现的是竿技表演，共有6组。竿顶上的表演者清晰可辨，但竿子及其下端的顶竿者残损严重。从左至右，竿顶上的表演者除第四组外，其他各组都只有一个人，但其动作却各有不同，竹竿的高低也各有不同。第一组的演员在竹竿顶端的小平台上做着倒立的动作；第二组的演员坐在竿顶的小平台上，右腿下垂，左腿上抬，双手侧平举，努力保持着身体的平衡；第三组的演员站立在竿顶的小平台上，双手侧平举，保持平衡；第四组共有三位表演者，除一位站在竿顶平台上做着平衡动作外，在其下方横向短竿向上翘起的端部小平台上，还有两位表演者站立着做平衡动作，他们都一手侧举，另一手扶着竿顶的

《杂技图》

平台；第五组的竹竿是六组中最高的，表演者爬到竿子上端，右手抓竿，右脚踩竿，左手左脚悬空，身体左倾，竹竿已被拉弯，但身体仍保持着平衡；第六组的表演者在中等高低竹竿的上部，用两腿紧紧缠绕着竹竿，左手抓着竹竿，右手侧举，保持着平衡。至于底下顶竿的人，其他几组，只能看到几个下半身，唯有第六组还能看到一个顶竿的男子。他的旁边还站立一人，有可能是竿顶表演的保护者。

从人物大小看，竿顶上的表演者明显比顶竿者小很多，估计除了这些表演者有可能以儿童为主外，也可能是为了表现因人物所处位置高远而造成的视觉差。画面右下角还画有几个人物，应是伴奏的乐队，其中一人右手高举着鼓槌，似正以急促的鼓点为表演者助威造势。

竿技在我国是一项历史悠久的高空杂技项目，在古代称为“都卢寻橦”“戴竿”“缘竿”等。根据王国维《宋元戏剧史》，“都卢”实际是位于南海一带的一个国名，因其国人善于攀援，因此而得名。竿技项目在春秋早期就有。到汉代时，爬竿、顶竿、车上竿戏及掌中竿戏均已出现。南北朝时，竿技依然盛行。隋唐时，竿技超越前代，占据了百戏之首。唐代时，宫廷与民间共同发展杂技。盛唐时，竿木技艺更是发展到了高峰，不仅人才济济、名家辈出，并且建立了完备的杂技组织和训练机构——教坊。据《教坊记》记载，开元时期的侯氏、王大娘、范大娘、赵解愁等都是著名的竿技艺人。这些艺人常常在节庆时，或在广场、或在寺院附近的戏场乐棚演出。当时的国都长安，大的戏场多在慈恩寺旁，小的戏场多在青龙寺旁。

对竿技在唐代流行的盛况，诗词歌赋也屡屡有所表现，如王邕的《勤政楼花竿赋》《长竿赋》，梁涉的《长竿赋》，王建的《寻幢歌》，柳曾的《险竿行》，金厚载的《都卢寻幢赋》等，均有精彩描述。张祜《千秋乐》中说：“八月平时花萼楼，万方同乐是千秋。倾城人看长竿出，一伎初成赵解愁。”可见，竿技在唐代是一种很受欢迎的表演节目。因此，在唐代从事竿木表演的家庭世代承袭，被称为“竿木家”，这在《教坊记》中有专门的记载。

唐代的竿木杂技主要由顶竿和竿上表演两部分组成的，两部分人数不同。其中，顶竿者基本为一至两人，而竿顶表演者则从一到数人不等。竿顶表演者主要是童子。除了基本的表演者之外，有时还会有一人手持长竿做类似保护动作，这也是竿木杂技表演的重要组成部分。竿木表演还常常有乐队伴奏，以助声威。武惠妃墓杂技图对上述内容，都做了真实而充分的反映。

虽然竿技表演既难以掌握也很危险，但在唐代却有很多女性从事这项高难且危险的技艺。顾况的《险竿歌》，诗中描绘到：“宛陵女儿擘飞手，长竿横空上下走。已能轻险若平地，岂肯身为一家妇。宛陵将士天下雄，一下定却长梢弓。翻身挂影恣腾蹋，反绾头髻盘旋风。”《全唐诗》的《寻幢歌》中描写到：“大竿百尺擎不起，袅袅半在青云里。纤腰女儿不动容，戴行直舞一曲终。”开元年间在“教坊”中享有盛名的王大娘的技艺更是扣人心弦。据唐郑处诲的《明皇杂录》记载，唐玄宗于勤政楼大张乐舞、罗列百伎时，王大娘头上顶着百尺的长竿，竿上一座模仿瀛洲方丈之状的木山，让小演员手持节鞭“出入于其间，歌舞不辍”。在现场观看表演的十岁神童刘晏，奉玄宗之命咏王大娘的竹竿之技，刘晏应声作七绝《咏王大娘戴竿》：“楼前百戏竞争新，唯有长竿妙入神。谁谓绮罗翻有力，犹自嫌轻更著人。”刘晏的这首诗把王大娘顶竿表演的神韵，描写得淋漓尽致，成为历代咏颂杂技诗篇的千古绝唱。由此也可以看出，在唐代，女性不仅能在竿顶表演，也能担当力大矫捷的顶竿者，还能成为竿技表演的名家里手。

武惠妃，是唐玄宗最宠爱的两个女人之一，陪伴唐玄宗走过了开元盛世。武惠妃是武则天的侄孙女，因父亲早逝，得到了武则天的照拂，自幼便被接入宫中抚养。长大后的武惠妃姿色出众，能歌善舞，温婉聪慧。唐玄宗即位后，武氏被宠幸。开元十二年（724），玄宗废王皇后，封武氏为惠妃，恩宠不绝，并享受着皇后之礼。开元二十五年（737）十二月，40余岁的武惠妃因忧惧不治而香消玉殒，唐玄宗追赠其为贞顺皇后。开元二十六年（738）二月，葬于敬陵。因此，该墓中的这幅杂技图，不仅证明了史书中竿技在开元天宝时期特别盛行的历史事实，也是唐玄宗希望用这欢乐的场面，继续抚慰其爱妃在天国灵魂的真实写照。

武惠妃墓的这幅杂技图虽然严重残损，但却是一幅不可多得的反映唐代竿技的珍贵壁画，为我们理解盛唐时代丰富多元的文化面貌，增添了一份生动而独特的内容。

三彩马及胡人牵马俑

来自西域的高贵坐骑

唐（618—907）

马俑高45厘米，长50厘米，人俑高28.5厘米

1959年陕西省西安市西郊中堡村唐墓出土

西安市中堡村唐墓出土了两件造型和尺寸一致的胡人牵马俑。其中，牵马胡人卷曲的头发从头顶中分系成发辫结于脑后，高鼻深目高颧骨体现出胡人鲜明的体貌特征。胡人身着浅黄色翻领胡服，偏袒左肩，露出蓝色衬衣，左侧衣袖系于腰间，腰带上系有毛刷、梳子等洗马工具。胡人双臂前伸，双臂紧握，作牵马状。三彩马为白马，披垂金色鬃毛缚尾。马背上佩戴蓝、白色相间的鞍鞯，马胸前和尾部披垂黄、蓝相间的杏叶。唐三彩是在综合东汉以来的绿釉和黄釉陶的基础上引进波斯蓝釉技术创烧而成

三彩马及胡人牵马俑

的。唐三彩中呈蓝色的钴料，是沿着丝绸之路从波斯进口的。“三彩贵蓝”，说明这种釉料的珍贵。三彩马的鞍鞯和杏叶及牵马俑的服饰上多处施这种蓝彩，更使这件闪耀着异域文化色彩的陶俑显得光彩夺目。

南北朝时期，墓葬中就随葬鞍马、牛车以象征墓主人的坐骑和出行工具，同时鞍马、牛车与仪仗俑组合，并以其数量和规模反映墓主人的身份和社会地位。唐代关于马的使用有严格规定，只有一定社会阶层的人才可以骑马，高宗乾封二年（667）曾颁令“禁工商不得乘马”。《唐会要·舆服》记载了各品级官员所能拥有的马匹数量及马具所用材质：“诸文武官赴朝，诸府道从职事，一品及开府仪同三司，听七骑，二品及特进，听五骑，三品及散官，三骑，四品、五品，二骑，六品已下，一骑。其散官及以理去官，五品已上，将从不得过两

胡人牵马俑

骑。若京城外，不在此限。今约品秩。职事官一品职七骑，二品及中书门下三品五骑，三品及中书门下御史台五品、尚书省四品，三骑，四品五品两骑。鞍通用银装。六品一骑。通用鍮石装。其散官及以理去官者，五品已上，不得过一骑。其若在京城外，及勋绩显著，职事繁重者，不在此限。七品已下，非常参官，并不得以马从。”

目前，从各地已出土的初唐至中晚唐的胡人牵马俑来看，这些俑仍然是反映墓主人身份、地位的仪仗俑组合中的一部分。另外，从胡人牵马俑位于仪仗的最前列，也可见其具有重要地位。胡人善于驯服骆驼和马，陕西省礼泉县昭陵陪葬墓中唐麟德三年（666）韦贵妃墓中的壁画，生动表现了两个胡人正在驯服一匹白色骏马的情景。这些胡人牵骆驼俑和胡人牵马俑是唐代社会的真实反映，也是唐朝形成的一种的墓室陪葬品造型门类。因为牵马胡人鲜明的体貌特征彰显着异域色彩，烘托出马的“外来”特征，反映了唐朝人对来自域外“宝马”的向往。《新唐书·五行志》记载：“马者，国之武备，天去其备，国将危亡。”唐代统治者认识到马是国力的象征，也是事关国家存亡的重要资源，因为马不仅是必需的军事装备，还是社会生活的重要资源。唐朝获得域外良马的一个重要途径就是依靠西域各产良马国家的进贡。《旧唐书·北狄传》记载：“骨利干北距大海，去京师最远，自古未通中国。贞观中遣使来朝贡，遣云麾将军康苏密往慰抚之，仍列其地为玄阙州。俄又遣使随苏密使入朝，献良马十匹。太宗奇其骏异，为之制名。号为十骥……”《唐会要》卷七十二记载着骨利干献马十匹，特异常伦，太宗对这些马的体型、毛色、速度进行鉴赏，认为它们是良马。贞观十一年（637），太宗命令把陪伴他南征北战、出生入死的六匹战马雕刻在昭陵以纪功，由著名画家阎立本画图起稿，太宗亲作《六马图赞》抒发对这些从波斯、突厥马中精选的西域宝马的深厚感情。西域诸国、吐蕃、回鹘、突厥、渤海、新罗，以及遥远的大食等都曾向唐王朝进贡或赠送过良马。除了接受域外进贡的宝马，唐朝还大力发展养马业，欧阳修《论监牧》说："唐之牧地，西起陇右、金城、平凉、天水，外暨河曲之野，内则岐、邠、泾、宁，东接银、夏，又东至于楼烦……"这些养马牧区分布在丝路沿线的河西、陇右、西域地区，因为这些地区也是北方游牧民族的聚居区域，因此胡人养马、驯马成为常见的现象，丝路沿线的甘肃省敦煌市和秦安县叶家堡出土的唐代胡人牵马俑印证了这段历史。

彩绘戴帷帽女骑马俑

浅露容颜的策马女子

唐（618 — 907）

通高36厘米，马长25厘米

1971年陕西省礼泉县郑仁泰墓出土

这件女俑头戴黑色圆顶帷帽，上身穿乳白色襦衫，外罩半袖，半袖袖口和腰部有红色和绿色交织而成的花边；下着间色长裙，脚穿黑色尖靴。女俑抬头挺胸骑在一匹有红色斑纹的黄色马上，左臂微屈呈控缰状，右臂垂于体侧，似在策马前行。

这件彩绘戴帷帽女骑马俑出土于昭陵陪葬墓的郑仁泰墓。郑仁泰卒于龙朔三年（663），麟德元年（664）十月二十三日陪葬唐太宗昭陵。该墓出土大量男女骑马俑，其中 36 件为女骑马俑，女骑马俑中有 23 件是戴帷帽女骑马俑。

彩绘戴帷帽女骑马俑

汉唐时期，随着丝绸之路的畅通，骏马逐渐融入到汉民族的生活当中，由此女性骑马现象的出现成为汉唐时期社会风尚的一次巨大变化。汉武帝为了提高骑兵的作战能力，先后从西域的乌孙和大宛引入良马。其中，大宛的汗血宝马深得汉朝人们的喜爱，被称为“天马”。北朝时期，北方游牧民族进一步将骑马文化传播至中原。隋唐时期，骑马已经成为军事和社会生活中不可缺少的内容，不仅男性普遍骑马，而且受胡风影响，妇女骑马更成为一时风尚。张祜在《集灵台》中描写杨贵妃的姐姐虢国夫人骑马入宫的轻快和洒脱景象：“虢国夫人承主恩，平明骑马入宫门。却嫌脂粉污颜色，淡扫蛾眉朝至尊。”李白的《幽州胡马客歌》则描述了盛唐笑颜如花的女性骑马射猎的英姿：“……妇女马上笑，颜如赪玉盘。翻飞射鸟兽，花月醉雕鞍。”

从初唐至盛唐的高等级墓葬中经常出土的女骑马俑，说明唐人在诗中所描绘的景象，就是社会风尚的真实写照。唐太宗贞观五年（631）官至司空的淮安靖王李寿墓出土有女骑马俑，贞观十七年（643）的长乐公主墓小龛和墓室内出土女骑马俑 11 件，贞观二十三年（649）的太子左内率司马睿墓室和墓道两侧的壁龛中出土女骑马俑 9 件，永徽二年（651）的邳国夫人段简璧墓出土女骑马俑 22 件，龙朔三年（663）的新城长公主（太宗女）李字墓出土红陶女骑马俑 30 件。这种墓葬中出土女骑马俑的现象一直延续至开元天宝年间，并达到鼎盛。开元十二年（724）的金乡县主墓出土 12 件女骑马俑、2 件狩猎女骑马俑、5 件伎乐女骑马俑。开元

● 彩绘戴帷帽女骑马俑（局部）

二十九年（741）让皇帝李宪墓出土 57 件彩绘红陶女骑马俑。

骑马女性的装束从初唐到盛唐逐渐由遮蔽到开放。据《旧唐书·舆服志》载："武德、贞观之时，宫人骑马者，依齐、隋旧制，多著幂䍦。虽发自戎夷，而全身障蔽，不欲途路窥之。王公之家，亦同此制。永徽之后，皆用帷帽，拖裙到颈，渐为浅露。寻下敕禁断，实虽暂息，旋又仍旧……则天之后，帷帽大行，幂䍦之制。开元初，从驾宫人骑马者，皆著胡帽，靓妆露面，无复障蔽。士庶之家，又相仿效，帷帽之制，绝不行用。”初唐武德、贞观时期，唐朝宫廷骑马女性头戴从域外传入的“幂䍦”，从头部至全身皆被遮蔽。7世纪中期以后，“幂䍦”被更加便捷的“帷帽”代替。与“幂䍦”不同，帷帽属于硬胎笠帽，帽沿上装一圈短网，仅遮蔽到颈部。郑仁泰墓出土的这件戴帷帽女骑马俑所戴的正是这种只遮蔽到脖颈的帷帽，反映了当时的新风尚。唐高宗咸亨二年（671）颁布诏令表明官方对“帷帽”代替“幂䍦”的认可，并说明其目的在于遮蔽外出女性的容颜。“百官家口，咸预士流，至于衢路之间，岂可全无障蔽？比来多用帷帽，遂弃幂䍦，曾不乘车，别坐檐子。递相效仿，浸成风俗，过为轻率，深失礼容”。到开元天宝时期，社会风气进一步开放，女性骑马已经不需要遮蔽容貌了。在唐代画家张萱所绘《虢国夫人游春图》中，唐玄宗的宠妃杨玉环的三姊虢国夫人及其眷从骑马盛装出游，画中骑马的女性神态自若，皆未戴任何帽子，发髻和面部与男性一样暴露在外面。唐代女性骑马，从戴着遮蔽全身的“幂䍦”，到只遮蔽脖颈的帷帽，再到抛头露面无任何遮蔽，仅从这样一个简单的现象，就可以使我们一窥初唐到盛唐逐渐开放的社会风气和女性更加自信自由的精神风貌。

《乐舞图》（韩休墓）

唐代胡汉乐舞交融的代表

唐（618 — 907）

长3.95米，宽2.27米

2014年陕西省西安市长安区大兆乡出土

这幅《乐舞图》以中线为界，可分为左右两组。图中最左面是由四位唐人形象的女伎乐组成的乐队，她们坐在一块方形毯子上，正在吹弹演奏。其中前面两位乐手分别手持竖箜篌和筝，其中持竖箜篌者的上身已残，只能看到她的下半身；后面两位乐手分别手持笙和拍板。乐队右前方的毯子外面站立一位女子，身体大部已不存，只可见裙裾，应是乐队的伴唱。乐队正前方还站着一位头戴幞头、身穿袍衫的男子，他左手上举，右手拿着一个竹竿子，似乎是乐队的指挥。乐队右边靠画面中间的位置，一名唐人形象的舞女站在一块小圆毯上，侧身甩袖，翩翩起舞。图中最右面是由五名胡人乐手和两名胡人伴唱者组成的乐队。方形毯子上五名乐手分前后两排而坐，前排三位分别演奏着竖箜篌、琵琶和排箫，后边两位演奏着铜钹和筚篥。五位乐手左右两边各站立着一位胡人男子，似在伴唱。毯子的前面边缘还放着一把琴。乐队左边靠画面中间的位置，一名男性胡人舞者也是站在一块小圆毯上，手舞足蹈，张臂甩袖。两组乐队周围点缀着竹、松、柳、芭蕉等树木花草，整体勾勒出一个生机盎然的场景，描绘了一幅私家乐舞正在庭院里悠然自得演出的生动画面。

这幅《乐舞图》出土于唐代韩休墓墓室东壁。韩休，京兆长安人，开元二十一年（733）曾任宰相，开元二十八年（740）卒，时年 68 岁。韩休为官清廉正直，文采颇优。其子韩滉，也曾任唐德宗时的宰相，而且还是一位著名的画家，因绘画作品《五牛图》名闻天下。夫人柳氏，出身河东郡世家大族，天宝七年（748）卒，与韩休合葬于唐长安城东南的少陵原上，即今天西安市长安区大兆街道办的郭新庄村。少陵原是唐代重要的墓葬区之一，这一带名人墓葬云集。韩休墓东南面是唐代宰相杜如晦家族墓，南面是唐玄宗贞顺皇后的敬陵，西面则是著名的韦氏家族墓、长孙无忌家族墓、郭子仪家族墓等。

韩休墓为一长斜坡墓道的单室砖墓，平面型制呈“刀把”形。墓葬坐北向南，其南北水平总长 40.60 米，由墓道、5 个过洞、3 个天井、6 个壁龛、

● 《乐舞图》

封门、甬道、墓室、棺床等几部分组成。墓道、过洞、天井的壁画已大部脱落，但甬道和墓室的壁画则保存得较为完好。该墓的大小、结构，以及壁画的绘制方式和内容，都与韩休正三品官职的规制很吻合。在残留的壁画中，绘于墓室东壁的这幅乐舞图，不仅是其中保存最为完好的一幅，而且就画面所表现的内容看，也是反映唐代乐舞及丝路文化交流的珍贵资料。

《乐舞图》是唐代墓葬壁画中最为常见的表现内容之一，从初唐到晚唐均有发现。但盛唐时期，已不同于早期以中原乐舞居多、胡汉乐器鲜有同时出现、且多见乐器独奏或独舞的内容，而是乐、舞、歌同时出现，胡、汉乐器并用的大场面乐舞场景，韩修墓的这幅《乐舞图》描绘的就是盛唐时期，融合乐、舞、歌为一体的一个乐舞场景。其中，左边一组乐、舞、歌的人物形象均为女性，似为“女部”；右边一组乐、舞、歌的人物形象均为男性，似为“男部”。另外，从画面两组乐队 9 位乐人手中所持的 8 种乐器看，竖箜篌、琵琶、铜钹、筚篥 4 种乐器是胡乐乐器，拍板为胡、汉皆使用的乐器，筝、笙、排箫为汉族传统乐器。由此可见，两组乐队有可能反映的都是以胡乐为基础，并融合了汉族传统乐舞特点的“胡部新声”。至于《乐舞图》中两位舞者所跳的舞蹈，有学者认为可能是胡旋舞。

像韩休墓《乐舞图》这类题材，在同属于盛唐时期的李宪墓、苏思勖墓和富平朱家道村唐墓中均有发现，但苏思勖墓的《乐舞图》，虽为双乐队，但舞者只有一人；李宪墓虽发现了双人舞（也有学者认为，是舞者一，伴唱者一）的场面，但乐队却为一组；富平朱家道村唐墓的《乐舞图》，是一个乐队、一位舞者、两位伴唱的组合。在稍晚一些属于中唐时期的陕棉十厂唐墓中，虽也是双乐队，但舞者也只有一人。就目前考古发现来看，像韩休墓这种双乐队、双人合舞形式的《乐舞图》尚属首次发现。也有学者指出，这幅《乐舞图》所表现的有可能是两个场景。但不管这幅《乐舞图》表现的是一个场景还是两个场景，都充分反映了开元天宝以后，特别是天宝年间，胡乐对中原音乐文化的影响和渗透，以及唐文化对西域文化的兼收并蓄。

画面左侧乐队四位仕女的形象与李寿墓室壁画中《乐舞图》及石椁东壁线刻的奏乐女伎一样，都是唐代的“女乐”。《唐会要》卷三十四记载：“（神龙二年）敕三品已上，听有女乐一部；五品已上，女乐不过三人。皆不得有钟、磬、乐师。”根据史书记载，魏晋南北朝时，皇帝对贵臣的赏赐中就有女乐。如梁武帝曾赐昭明太子“太乐女伎一部”，赐徐勉“吴声、西声女伎各一部”。在唐代，李孝恭、李林甫等亦曾受赐“女乐二部”，这大概是很高的规格了。不过，“部”的数量概念并不很固定。《隋书·音乐志》记载隋炀帝时九部乐的人数，最多西凉乐一部为 27 人，最少的康国乐一部仅 7 人。一部女乐应是一列或一队，人数应在 3 人以上。

隋唐时期的王公贵戚及高官显宦都过着奢侈的生活，乐舞百戏是他们文化娱乐的重要内容。在他们的府邸中，既有国家按规定配给的“藩邸乐”，还有他们自己豢养的声乐歌伎。唐代中上层官僚士大夫拥有的各种乐舞，既不同于服务于唐代帝王的宫廷乐舞，也不同于流行于广大下层民众中的民间乐舞，而成为独具特色的私家乐舞。唐代的私家乐舞，在较少受约束的非程式化内容和追求娱乐为主要目的大力推动下，非常兴盛和普及，极大地繁荣和发展了唐代的乐舞艺术。韩休墓出土的这幅《乐舞图》，生动反映了当时上至宫廷“梨园”，下至达官贵族府邸，纵情享受文化娱乐生活的时尚风气。位于墓室东壁的这幅《乐舞图》，正对着的是墓主的棺床，棺床后边的墓室西壁上绘有六扇屏风树下高士图。这一空间布局，与《韩熙载夜宴图》中达官贵人坐于山水围屏的卧榻上观看乐舞的场景彼此呼应，正是墓主生前生活场景的真实再现。

韩休墓的这幅《乐舞图》，集歌、乐、舞于一炉，共“男部”与“女部”于一体，是盛唐时期通过丝绸之路传来的胡乐和中原传统的汉乐交相融合的真实写照。这幅壁画因双乐队、双舞伎、胡汉音乐交融等文化元素备受学界关注，是同时期乐舞壁画中的佼佼者，是研究盛唐乐舞不可多得的宝贵资料。

狮纹白玉带銙

异域色彩的贵族标志

唐（618 — 907）

大銙长5厘米，宽3.8厘米，厚1厘米
方銙长3.8厘米，宽3.6厘米，厚0.6厘米
铊尾长4.8厘米，宽3.8厘米，厚0.6厘米
1970年在陕西省西安市南郊何家村窖藏出土

狮纹白玉带銙由狮纹方銙、狮纹圆首矩形銙（扣柄）、狮纹圆首矩形铊尾、玉带扣，总计 16 件组成。此副玉带狮纹的设计别具匠心，在 15 块带板上碾琢了姿态各异的狮子 15 只，其中有 12 枚方銙的狮纹造型相同，方向相反，应为 6 对。纹样的雕琢方法为平面上斜刻剔地，再刻画眼睛、鬃毛等细部。

● 狮纹白玉带銙

狮纹白玉带銙 1970 年出土于西安何家村唐代窖藏。该窖藏共出土 10 副玉带銙，这是迄今为止唐代玉带銙最集中、最完整的一次发现。除九环蹀躞玉带銙外，其他 9 副出土时分别放置在 4 个银盒内，银盒盖内均有墨书题记，明确记载了玉带銙的玉色名称、形制和组成数量。盛放狮子纹白玉带銙的银盒上墨书题记为"碾文白玉纯方胯一具，一十六事并玉玦"。

从何家村窖藏出土的10副玉带銙可推测其主人高贵的身份和等级。隋唐时期建立了严格的章服制度，不同等级官员革带的质地与銙数都有明确规定，玉带始终是唐代皇室贵族和三品以上官员专用的高贵物品。《新唐书·车服志》记载："其后（显庆元年后）以紫为三品之服，金玉带銙十三；绯为四品之服，金带銙十一；浅绯为五品之服，金带銙十；深绿为六品之服，浅绿为七品之服，皆银带銙九；深青为八品之服，浅青为九品之服，皆鍮石带銙八；黄为流外官及庶人之服，铜铁带銙七。"《唐实录》记载："天子以玉，诸侯、王、公卿、将相之带，二品以上许用玉带，天子二十四銙，诸侯王、将相许用十三銙加两尾焉。"《通典》卷六十三《礼典·天子诸侯玉佩剑绶玺印》载："上元元年（674）八月，敕文武官三品以上，金玉带，十二銙。"《唐会要》卷三十一《章服品第》："文武三品以上服紫，金玉带十三銙。"于阗玉带銙还是皇室贵族用于高等级赏赐的贵重物品。《新唐书·李靖传》卷九十三记载："靖破萧铣时，李渊所赐于阗玉带十三銙。"

狮纹白玉带銙表面浮雕的狮子纹样具有异域色彩。狮子，古称"狻猊"，产于非洲、西亚等地，张骞凿空西域后由丝绸之路传入中国。东汉时期史书明确记载西域诸国向汉王朝贡献狮子。东汉章帝章和元年（87）和汉和帝永元十三年（101）安息国两次进贡狮子；汉顺帝阳嘉二年（133），疏勒国又献来狮子和犀牛；同时期月氏也献狮子给东汉王朝。这些早期传入的狮子被作为异域方物进入了中土民众的视野。之后，狮子作为万兽之王，成为勇猛威武、辟邪护法的象征。《中华古今注》文武品阶带条称“魏武帝赐宫人金隐起师（同“狮”）子銙腰带，以助将军之勇也”。可见，在曹魏已经以狮子纹装饰腰带，以衬托武将的英姿。狮子还以神兽、灵兽、仁兽的色彩在佛教艺术中出现，也作为佛的化身被崇拜信奉，据说释迦牟尼降生时，一手指天，一手指地，唯我独尊，做狮子吼，群兽慑服，故以狮子座为佛座。唐代文献中多次提到康国、米国、波斯、拂菻、吐火罗、大食国等地献狮子。阎立本所绘制的两幅名画《西旅贡狮图》和《职贡狮子图》，写实地表现了来自异域的狮子形象。此外，其他唐代艺术中的狮子形象也以写实的手法表现，成为唐代世俗和佛教艺术中常见的形象。在唐代帝王陵墓前的神道石刻中常见高大威武的石狮，三彩器和铜镜等工艺品中也多见狮子纹样。这副狮纹白玉带銙所表现的狮子有蹲、走等姿态，每个狮子勇猛的面部、颈部细密的鬃毛都刻画得细致入微，体现了工匠对狮子的深入观察。何家村窖藏出土物品中还有其他狮子纹装饰的器物，如鎏金飞狮纹银盒、双狮纹金铛、鎏金双狮纹银碗等，都将狮子刻画得栩栩如生。

何家村窖藏出土唐代的玉带銙质地以白玉为多，狮子纹白玉带銙和另外五副玉带銙的质地为多为于阗玉，即和田玉。和田玉古名昆仑玉，原产西域莎车国、于阗国，是有名的软玉品种，以温润细腻而著称。汉代和田玉即闻名于世，《史记·大宛列传》记载：“汉使穷河源，河源出于阗，其山多玉石。”《汉书·西域传》：“莎车国有铁山，出青玉。”《魏书·于阗国传》记载："于阗城东三十里有首拔河，中出玉石。"和田玉沿着丝绸之路传入中原，被奉为珍宝。《册府元龟》卷九七〇《外臣部·朝贡三》记载："贞观五年于阗国王尉迟屋密遣使献玉带。"公元 780 年，唐德宗即位，《新唐书·西域传》卷二二一记载："遣内给事朱如玉之安西求玉，于于阗得圭一、珂佩五、枕一、带銙三百、簪四十、奁三十、钏十、杵三、瑟瑟百斤并它宝等。"通过使者的交流和沟通，于阗玉器从西域传入中原。

从何家村出土的 10 副形制各异、定名准确的玉带銙可见，这些玉带銙很可能是唐朝工匠利用于阗玉料根据唐朝贵族的审美风尚制作的。狮纹白玉带銙材质和狮子纹装饰，体现了丝绸之路所输入的异域文明，已经被巧妙地融入了唐朝贵族身份和地位的标志物——玉带銙之中。

《备马待行图》

亲王出行的坐驾

唐（618 — 907）

高195.5厘米，宽131厘米

1971年陕西省三原县李寿墓墓道西壁揭取

《备马待行图》出自唐代开国元勋李寿墓中。李寿是唐高祖李渊的堂弟，跟随李渊出生入死打天下，战功显赫，官至右翊卫大将军，封永康王，后来又改封为淮安郡王（从一品）。贞观四年（630）死后，追赠司空（正一品），谥号“靖”，第二年又以“特加常等”的礼仪葬于李渊之父太祖李虎永康陵（今陕西省三原县陵前乡焦村）附近。1973 年 2 月 10 日，由陕西省文管会袁仲一、屈鸿均先生主持开始对其墓进行抢救性发掘。李寿墓全长 44.4 米，由墓道、5 天井、4 过洞、甬道、2 小龛、墓室组成，在出土的330余件文物中，有罕见的精品龟形墓志、线刻石椁（现藏西安碑林博物馆），从墓道到墓室遍布壁画，有出行、狩猎、仪卫、列戟、建筑、农耕、歌舞、男女侍从等，由考古技师揭取下来21幅，总计约55.1平方米，现均藏于陕西历史博物馆，《备马待行图》就是其中保存较好的一幅。

《备马待行图》表现的是一组准备出行的队伍，由1马7人组成。马为白色，形体高大，配备齐全，鞍上盖袱，表明是为主人公李寿外出准备好的坐骑，主人还未乘用。中国古代，白马是神灵之马，《史记·五帝本纪》讲黄帝“彤车乘白马，能明驯德”。秦汉时期，白马作为神灵祥瑞之物，常常被帝王拿来和玉璧一起沉入江河以祭祀江神、海神。传说东汉明帝时，白马从西域驮经回到洛阳，因而有了中国最早的佛教寺院——白马寺。白马在唐代是高贵的马种，从唐墓壁画的形象资料来看，皇室贵族所乘坐骑多为白马，不仅懿德太子、章怀太子、淮安郡王李寿、虢王李邕等男性，就连新城公主、永泰公主、韦贵妃等女性也都如此。李白的诗作《白马篇》《发白马》，杜甫的诗作《白马》，都描写了贵族坐骑白马的豪华装饰和凛凛威风。据《新唐书·骨利干传》记载，骨利干国（在今贝加尔湖一带）曾向唐太宗献名马百匹，太宗从中挑选出十骥，分别命名，位居前二位的“腾霜白”“皎雪骢”就是白马。唐玄宗曾将义和公主嫁给宁远（大宛）国王，作为答谢，宁远王向玄宗晋献了两匹“胡种马”，即汗血马。玄宗异常喜欢这种纯种的大宛马，为两匹御马起名“玉花骢”“照夜白”。从杜甫长诗《骢马行》中的描绘“赤汗微生白雪毛”可知，玉花骢

《备马待行图》

是匹白马。韩干是画马大师曹霸的弟子，也是唐代画鞍马最为出色的画家，他为唐玄宗宠马照夜白所写真的《照夜白图》，现藏美国纽约大都会博物馆，画中白马一如其名。唐墓壁画中皇室贵族骑乘的白马，大多与韩干所绘的照夜白相似，且神采奕奕更具活力，应该就是当时最好的、专供皇室享用的胡马——大宛马。大宛马不仅是马中精英、勇敢和力量的象征，更蕴含着个人的抱负和国家的理想。

《备马待行图》中马的右侧站立着一位左手持缰绳的控马者——马夫。从马夫的相貌看，他是个老外—— 一位来自中亚的粟特人。粟特人以擅长驯养调教马、精于通商贸易而著称，唐王朝多任用粟特人为马牧。考古工作者曾在宁夏固原发现一处粟特人的墓地，其中有一位名叫史铁棒的粟特人，墓志记载他在唐高宗显庆三年（658）被“敕授司马寺右十七监”，“牧养妙进其方，服司不违其性”，是位受到高层统治者关注的养马高手。骑马或乘坐马车是唐代贵族出行的主要方式，马不仅是交通工具，也是一种身份地位标志。什么品种的马，马的身上装饰如何，雇佣什么样的驭手等等，都是主人身份地位的象征。因此，马的选拔、饲养、调教、驾驭也成为贵族生活中必不可少的内容。于是，一批精通马术的胡人便随之而来，作为“御马”的管理人员出现在皇宫或贵族府邸之中，他们个人的命运也和马一起深深地融入到了中原贵族日常的生活当中。《备马待行图》等唐墓壁画中的胡人马夫，和唐代京城长安贵族墓葬中出土的胡人牵马俑一样，都是这种社会现实的反映。

《备马待行图》中除了马侧的马夫，马的后面还站立了 6 名侍从。其中，1 人持伞，2 人持雉尾扇，2 人持弛弓；有的目视前方，有的环顾左右，专注但又不呆板。伞的形状与唐代著名画家阎立本（601—673）所绘《步辇图》中的伞相同，是初唐太宗时期（627—649）的式样。雉尾扇是用雉尾制作的扇子，按照《通典》《新唐书·仪卫志》的记载，雉尾扇是皇帝、皇太后、太后、太子和太子妃、亲王及一品命妇出行时使用的仪仗用具，有雉尾圆扇和雉尾障扇两种。《备马待行图》中的扇为圆头长方形，应该是雉尾障扇。虽然扇形已模糊不清，但仔细辨认，仍可看出其图像与《步辇图》中的雉尾障扇相同，也与文献记载相符。弛弓是未上弦之弓，放置在弓囊之中以备需用。整个画面表现的是一切准备就绪，静候主人出行的场面，与位于此图前方的开路骑卫遥相呼应，组成了一幅亲王外出时的仪仗场面。

李寿墓壁画是目前揭取最早的有明确纪年的唐墓壁画，无论是布局、内容还是技法，都有浓郁的北朝遗风。《备马待行图》作为开国元勋皇室亲王出行仪仗的真实写照，对于研究唐代皇室贵族出行仪仗、胡人备马题材的组合演变、唐代初期壁画布局排列、唐墓壁画的分期，等等，都具有重要的学术意义。

两诏铜椭量

秦代的标准量器

战国—秦（前 475 —前 206）

高7.3厘米，口长20.8厘米，口宽12.5厘米，腹深6.1厘米，柄长5.7厘米

1982年陕西省礼泉县药王洞乡南宴村出土

两诏铜椭量造型呈椭圆形，左右两侧的外壁上，分别刻有一组内容相同的秦始皇统一六国后所颁布的诏文，每组 4 行，共 40 字：

廿六年，皇帝尽并兼天下诸侯，黔首大安，立号为皇帝，乃诏丞相状、绾，法度量则，不壹歉疑者，皆明壹之。

铜椭量的底部则刻有一组秦二世颁布的诏文，5 行，共 60 字：

两诏铜椭量

元年制诏丞相斯、去疾，法度量尽始皇帝为之，皆有刻辞焉。今袭号，而刻辞不称始皇帝。其于久远也，如后嗣为之者，不称成功盛德。刻此诏，故刻左，使毋疑。

铜椭量的柄较短，中空用以装木把。柄的上面刻有铭文 3 行，7 字：

右，北私府，半斗，一。

柄的左侧还刻有一个“私”字。

铜椭量是记录公元前 221 年秦始皇统一六国后采取统一度量衡和秦二世即位后巩固这一举措的一件重要实物，也是目前见到的铭文字数最多的一件秦代度量衡器物。二世诏中，在“疾”“焉”“帝”“德”等字的右下角，都刻有“∠”符号作为标点，这种符号在秦简、汉简中都有使用，属于“句读符”或者“勾识符”。对此符号的功能虽有不同见解，但它是秦汉时期常用的一种标点符号却是毫无疑问的。柄部铭文中的“私府”，是秦代的一种机构，专门负责皇宫或诸侯王府钱财等贵重物品的管理，直到汉代依然如此，比如江西南昌西汉海昏侯墓出土的漆器上，许多都标有“私府”。“私”是私府的简称，“北私府”似乎表明秦时私府有南北之分，“一”是编号，表明此器为一组系列量器中的第一个。

度量衡是古代商品交易中必不可少的工具，也是国家收取赋税的重要标准。其中，量器是用于计量物品体积的一种器具，主要用作谷物粮食的核定。公元前 4 世纪时，诸侯国之间经过数百年较量，互相蚕食吞并，最终形成了战国七雄的格局。秦孝公十八年（前 255），崛起于西部的秦国，由商鞅主持变法，采取一系列行之有效的措施进行社会改革，其中“平权衡，正度量，调轻重，决裂阡陌，教民耕战，是以兵动而地广，兵休而国富，故秦无敌于天下，立威诸侯”。商鞅制定的标准度量衡器推行秦国各地后，秦国的经济军事实力开始腾飞。秦始皇统一中国后，收回天下所有的度量衡器物，将秦国已经通行了 30 余年的度量衡标准推向东方六国，并按照秦国的标准重新制作法定标准器，器上刻有始皇诏书，下发各地，命令地方官员严格按此执行。这件铜椭量就是秦国铸造的、秦始皇统一度量衡时的一件标准量器。度量衡器物在使用过程中因受到磨损也会产生偏差，因此，每年都要由地方官员对度量衡进行检验、校正。秦二世即位后，在全国范围内对度量衡器就进行了一次校准，经过审验，在上面加刻上了始皇诏和二世诏，形成两位皇帝三份诏书的独特形式。秦国这种长期稳定的度量衡标准化管理，对促进公平、高效的物质交流，保证国家收入，推动社会发展、繁荣经济，均发挥了巨大作用。秦国实施的统一度量衡制度，连同文字、货币、道路等一系列标准化制度，是其中央集权制的重要体现。

秦代量制以龠、合、升、斗、桶（斛）为单位，实行十进位。秦国及秦代的量器在全国发现多件，如上海博物馆收藏的著名的“商鞅方升”。经实测，秦代 1 升为 200 毫升，这件两诏铜椭量容积约为 1000 毫升，正合秦量制 5 升，即半斗，与铜椭量柄部所刻的自铭容量“半斗”相符，也与 1 升为 200 毫升的量制相符。仔细观察，两诏铜椭量内侧口沿处，有明显的磨损痕迹，应当是长期使用所造成的。

两诏铜椭量出土地陕西省礼泉县，秦时名谷口（瓠口）县，南宴村位于礼泉县东南，紧邻咸阳秦都区，属于秦王朝政治统治的核心区域。结合铜椭量柄部铭文“私府”来看，这件量器很可能是秦皇宫用物。铜椭量诏文字体清晰，制作精细，作为秦代的一件标准量器，不仅是研究我国古代度量衡制度的珍贵资料，也是秦王朝统一度量衡制度的实物见证，具有十分重要的历史价值。

鸟盖瓠壶

别致的酒壶

战国（前 475 — 前 221）

通高33.5厘米，口径5.8厘米，足径8.8厘米

1967年陕西省绥德县废品站征集

鸟盖瓠壶为一青铜壶，因其盖呈鸟形，体呈瓠瓜形，故名。鸟盖装饰较为繁复，鸟为盘冠、尖喙，鸟嘴处有环扣，可以开合。鸟颈有带纹一周，似鸟之颈环。双翅与尾翎羽毛清晰可见，盖尾部有环，环系蛇形自绕的链条，与壶鋬相连。器腹上部细长，下部呈前鼓后曲状，壶口向一旁偏出，壶底为低矮的小圈足。后曲状的腹部侧面有八棱形壶鋬，鋬两端饰螭首，鋬上的链条与壶盖相连。器腹下部饰相间的五道宽带纹和六道蟠螭纹，蟠螭纹细密繁缛，纹样形式是盛行于春秋战国时期的二方连续带状纹样。这件

鸟盖瓠壶

鸟盖瓠壶，以别致的造型、精良的工艺、美好的寓意，成为春秋战国时期一件罕见的艺术珍品。

1988年，山西太原南郊金胜村赵卿墓曾出土一件类似的瓠壶。其壶盖也作鸟形，鸟腹与壶口相接，使用时倾斜壶身，酒即从鸟嘴流出，壶颈腹部装饰有六道蟠螭纹。台北故宫博物院所藏的瓠形壶，高30厘米，最大腹径16.7厘米，壶颈部饰三角纹，内填雷纹，腹饰蟠螭纹。美国赛克勒博物所藏的鸟盖瓠壶，颈下部与腹部共饰三组蟠螭纹。鸟形器盖与腹侧把手均残存一圆环，推测二者间原也应有链环相接。这三件瓠壶的时代，赵卿墓的年代是春秋晚期，这应是目前发现最早的瓠壶；台北故宫和美国赛克勒博物馆所藏的瓠壶时代略晚，属战国时期。结合器型和纹饰的变化，陕西绥德废品站征集的这件鸟盖瓠壶，被专家认定为战国时期的遗物。

鸟盖瓠壶（局部）

关于壶，《诗经》中有“显父饯之，清酒百壶”的描述。《孟子·梁惠王下》中有：“箪食壶浆，以迎王师”的描述，可见，壶在古代是一种盛酒器。壶的造型特点是小口、长颈、圆形或方形腹、平底或圈足底。作为酒器，壶往往与其他青铜器配套使用，成为上古时期宴享、祭祀的重要礼器。

青铜壶在中国历史上使用的时间很长，最早出现在商代，盛行于春秋战国时期，汉代以后继续沿用。商代的青铜壶多为敞口、贯耳、圆腹，腹的最大径往往在壶的下部。西周时期，不仅有圆形的壶，方形的壶也开始出现。西周后期，开始出现壶盖。春秋时期高度发达的青铜工艺，以及古代工匠在青铜器设计和装饰等方面的想象力和创造力，使壶在样式、装饰等方面愈加丰富，壶的造型多种多样，有方壶、扁壶、圆壶、瓠形壶等等。

到了战国时期，青铜壶无论造型还是纹饰都更加趋于实用。作为从春秋晚期开始出现的一个新品种，瓠壶尤其是鸟盖形的瓠壶，在战国时期线条更加流畅，制作得也更加精美。但是，瓠壶的流行时间却很短，目前仅见于春秋晚期至战国早期。初期瓠壶的颈部略粗，后来逐渐变得细长，侧倾角度也逐渐变大。腹部多饰蟠螭纹，最多可见有六组。瓠壶主要见于山西和陕西地区，其他地方尚少发现。

瓠壶的形状来源于一种叫“瓠”的草本植物的果实——瓠瓜。《说文·瓠部》：“瓠，匏也。”又《包部》：“匏，瓠也。”段玉裁注：“《邶风》传曰‘匏谓之瓠’，谓异名同实也。”可见，“瓠”通“匏”。

有学者考证，瓠壶即古文献中所说的“玄酒陶匏”的“匏壶”，壶中存放的应是“玄酒”。作为春秋战国时期贵族在祭祀、宴乐时盛玄酒的一种重要礼器，宋人在《宣和博古图录》中开始称这种器型为瓠壶。

至于器形像瓠瓜，器盖作鸟首，研究者认为，也不是古人随意为之。我国古代文献中记载有“匏瓜星”，亦即“天鸡星”。古人笃信天命，所以他们勤于观察星象，研究天文，祭天祀地，以图顺应天时，掌握自己的命运。把祭祀用的礼器做成瓠瓜形，象征的就是匏瓜星。壶盖上的鸟首，当为“天鸡”。由此可见，这件瓠壶，应是与祭天有关的一件重要礼器。另外，也有学者认为，根据《史记·秦本纪》及其他史籍记载，秦人的祖先为神鸟的子孙，秦人有鸟崇拜的习俗，因此这件鸟盖瓠壶也可能与秦人有关。

作为中国古代重要的青铜礼器，各种造型的壶在各地均有大量发现，有力佐证了青铜壶与古代礼乐文化的内涵。进入两汉时期以后，壶的作用则发生了变化，由原来的礼器渐渐地走入人们的日常生活中，不仅可以盛酒，还可用来盛放其他食物等。在汉代，圆形的壶被称之为“锺”，方形的被称之为“钫”。而且，从材质上看，不仅有铜质的、陶质的，也有色彩艳丽的漆壶等。虽然壶身上的纹饰越来越简单，甚至素面的越来越普遍，但随着鎏金装饰工艺的出现和成熟，各种造型的铜壶依然被装扮得流光溢彩、绚烂夺目。

白瓷螭柄壶

融入唐人生活的胡瓶

唐（618 — 907）

高32.2厘米

陕西省西安市西郊三桥镇出土

白瓷螭柄壶口沿部分为中部内折的喇叭形口，一端自然弯曲形成流。螭柄上端连接口沿，下端连接颈部。细颈，鼓腹，高圈足底部微外敞。颈部、腹部、圈足分别装饰多重弦纹，其中颈部和腹部弦纹之间装饰一周贴塑的圆圈纹，腹部和圈足的弦纹之间有上下两圈贴塑纹饰，上面为一周圆圈纹，下面为一周莲瓣纹。

白瓷螭柄壶的造型继承了南北朝墓葬中普遍出土的青瓷鸡首龙柄壶的特征。山西太原娄睿墓（570）出土的青瓷鸡首龙柄壶，壶通高 39.8 厘米，

白瓷螭柄壶

盘口，长颈，器腹贴塑莲花瓣装饰。从南北朝至隋唐，白瓷工艺空前发展，隋代出现了白瓷龙柄鸡首壶。西安玉祥门外隋大业四年（608）李静训墓出土白瓷龙柄鸡首壶继承了北朝鸡首龙柄壶的造型。该壶高 27.4 厘米，口径 5.9 厘米。盘口外侈，圆唇，束腰式细长颈，丰肩，鼓腹下渐收，近底处外撇，平底。颈饰弦纹两道，肩一侧塑一鸡首；与之相对的一侧为直体曲颈伏首形龙柄，龙口衔接壶口沿，作饮水状。流、柄间置对称环式耳，均作双瓣重合状。肩、腹部刻划弦纹，无贴塑装饰。瓷胎呈白色，通体施白釉，近底部无釉，表面有细冰裂纹。和南北朝鸡首龙柄壶相比，隋唐时期的白瓷螭柄壶口沿部分由盘口变为简洁的敞口；器身堆塑简化，由繁复的多层次装饰简化为单层图案化装饰，器物整体风格更加简洁明快，去掉了鸡首，更加注重功能。

唐代，随着丝路的繁荣和唐朝与外国的交流，西方的胡瓶持续传入中原。《旧唐书·吐蕃传》载开元十七年（729），吐蕃赞普向李唐王朝请和，将金胡瓶等物品贡献给唐朝。称“谨奉金胡瓶一、金盘一、金碗一、马脑杯一、零羊衫段一，谨充微国之礼。”胡瓶也是唐朝皇室贵族用于赏赐的珍贵物品。《旧唐书·李大亮传》载唐太宗曾将自己所用胡瓶赐予凉州（今甘肃武威）都督李大亮：“今赐卿胡瓶 枚，虽无千镒之重，是朕自用之物。”从卢纶《送张郎中还蜀歌》：“垂杨不动雨纷纷，锦帐胡瓶争送君。”和顾况《李供奉弹箜篌歌》：“银器胡瓶马上驮，瑞锦轻罗满车送。”等唐诗可见，胡瓶也是民间馈赠的贵重物品。

唐代王昌龄《从军行七首》之六："胡瓶落膊紫薄汗，碎叶域西秋月团。"该诗句描绘了西域军人携胡瓶飞驰的壮阔的边塞画卷，胡瓶因其便于携带、封闭性好，是胡瓶得到行旅军人和丝路旅人喜爱的重要原因。从以上记载可知，沿着丝绸之路传入中原的胡瓶多为金属制品。这些沿着丝绸之路传入中原的胡瓶融入唐朝社会，其简洁实用的造型影响了传统的龙柄鸡首壶的造型。中原地区则以瓷器和三彩等材质制作出同类器物，使其与唐人安定舒适的生活更相适宜。

鸳鸯莲瓣纹金碗

盛唐金银器的经典之作

唐（618 — 907）

其一高5.5厘米，口径13.7厘米，足径6.8厘米
其二高5.6厘米，口径13.5厘米，足径6.8厘米
1970年陕西省西安市南郊何家村窖藏出土

鸳鸯莲瓣纹金碗共出土两件，皆纯金质地，两碗的造型、纹饰均相同，只是尺寸、重量略有差异。碗口外侈，喇叭形圈足，圈足边缘装饰一周连珠纹。碗壁上用锤揲法作出上下两层相间的凸起的仰莲花瓣，每层十瓣，每个莲瓣内都錾刻有装饰图案。上层莲瓣内以狐、鹿、獐、兔、鸳鸯、野鸭、鹦鹉等动物作主题纹饰，周围填以形态各异的花草。这些动物或拔足狂奔，或回首相顾，或展翅飞翔，或栖息站立。不管是静态的还是动态的，个个栩栩如生，富有强烈的韵律感。下层莲瓣内统一饰忍冬卷草纹，以相

鸳鸯莲瓣纹金碗

对稳定的纹样，营造出平和、恬静的气氛，烘托出上层动物的勃勃生机。碗内底部錾刻一朵蔷薇式的团花，碗外底圈足内錾刻一只回首展翅的鸳鸯。碗外壁及内外底部的主题纹饰下均錾满密密麻麻的鱼子纹，层层叠叠的装饰使金碗显得极其富丽堂皇。

金碗的出土地陕西省西安市何家村，是唐长安城兴化坊所在地。1970年10月5日，在此地正进行基建施工的工人们突然发现了埋在地下的两个陶瓮。当闻讯赶来的考古工作者小心翼翼地打开陶瓮时，包括金、银、玉、宝石、玻璃器、钱币等一千多件精美绝伦的文物呈现在世人眼前，令人目不暇接，惊叹不已。这些惊世发现，被考古学家称之为“何家村遗宝”。这批文物呈现出浓郁的多种文化因素，对于唐代考古和“丝绸之路”研究而言，具有划时代的意义，何家村窖藏文物的发现也因此被列为二十世纪中国考古重大发现之一。作为“何家村遗宝”中最富丽华美的器物之一，鸳鸯莲瓣纹金碗以其稳重大气的造型和丰富考究的纹饰成为盛唐金银器的经典之作，因而也被定为国宝级的文物。

鸳鸯莲瓣纹金碗也是唐代中外文化交流融合的见证物。金碗的碗壁锤揲出凸凹起伏的多瓣形装饰，不见于中国传统的器物。然而，早在公元前6世纪，多瓣形装饰就在地中海地区的古希腊罗马及古波斯阿契美尼德时代（前550—前330）开始流行，并一直在西亚与中亚地区延续。5世纪至6世纪，位于中亚阿姆河、锡尔河流域的粟特地区（今乌兹别克斯坦，部分塔吉克斯坦和吉尔吉斯斯坦所属地区）在锤揲技术非常成熟的银器中，大量使用凸起的多瓣纹作为装饰。粟特地区的地理位置十分重要，既是中西陆路交通的枢纽，也是南北往返的中继站。隋唐时，这里建立起诸多城市国家，中国史籍称为“昭武九姓”。居住在此的粟特人素以善经商称著，《唐会要》中称其人“习善商贾……利之所在无所不往”。粟特商人的足迹遍及欧亚内陆，他们既是丝绸之路上国际贸易的转运者，也是东西方文化的传播者。4 世纪起，粟特人开始沿着丝绸之路迁移入华。这些来华的粟特人聚族而居，较长期地保持着自身的文化习俗。唐时，粟特人的影响进一步扩大，在凉州、长安、洛阳等地都有粟特人较为集中的聚落。通过丝绸之路上频繁的贸易往来及东迁，粟特人将大量工艺精良的西方金银器及其工艺技术传入中国，并深刻地影响了中国金银加工工艺的发展，这种凸凹多瓣的风尚也被中国金银器皿所接受。

但唐代对外来文化的接受不是被动的、全盘的，而是在吸收过程中加入了符合中国传统美学的一些元素。如将粟特银器上瓣数较多的水滴形分瓣，渐变为瓣数较少的桃形的分瓣，并形成明显的双层装饰。降低分瓣凸起的高度，改变西方银器中过于夸张的造型，并且使线条尽量柔和流畅。在装饰布局上采用了西方银器很少见到的外表通体装饰的手法。装饰题材上也更加具有中国本土的特点，像鸳鸯莲瓣纹金碗上所饰的团花、珍禽异兽等都是唐代装饰艺术中常见的传统纹样。特别是主题纹饰鸳鸯，更是中华文化中的传统纹样。鸳鸯在我国古代被称之为“匹鸟”，因雌雄偶居不离，成为美满姻缘、百年好和的象征。早在汉代鸳鸯纹样就已出现在丝织品上

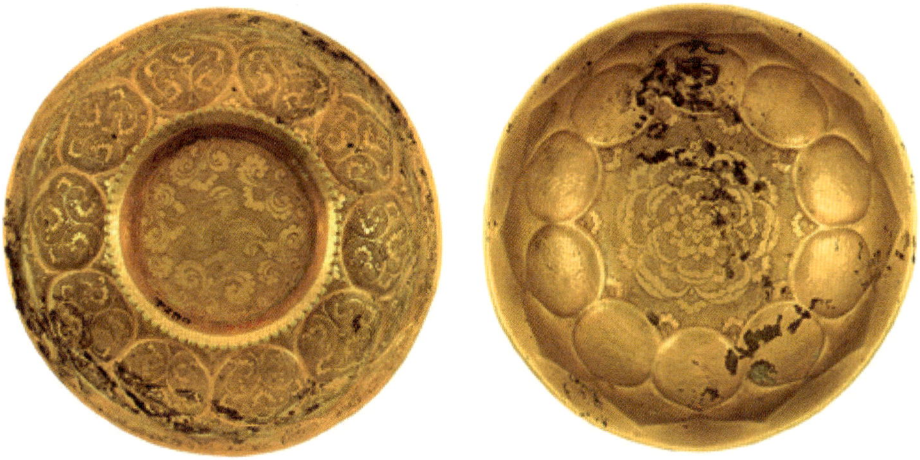

鸳鸯莲瓣纹金碗

了，东汉古诗《客从远方来》中写道：“客从远方来，遗我一端绮。……文采双鸳鸯，裁为合欢被。”唐诗中用鸳鸯比喻男女爱情的佳句更是层出不穷。温庭筠《偶游》：“与君便是鸳鸯侣，休向人间觅往还。”李郢《为妻作生日寄意》：“鸳鸯交颈期千岁，琴瑟秋谐愿百年。”卢照邻《长安古意》：“得成比目何辞死，愿作鸳鸯不羡仙。”唐人对鸳鸯的喜爱可见一般。在唐代，鸳鸯纹被广泛应用在生活的各个方面。这两件鸳鸯莲瓣纹金碗，可以说是西方金银器工艺与东方审美情趣完美结合的佳作，充分体现了唐代中西文化的交流融合与唐人的创新精神。既显大唐风范，又具域外风格。

《唐律疏议》中规定：“一品以下，食器不得纯金、纯玉。”因此金碗的使用者主要是皇室贵族，同时还被用于赏赐。《唐摭言》卷十五中记有，唐文宗时，翰林承旨学士王源中闲暇之余与诸兄弟在太平里府第踢蹴鞠，飞起的蹴鞠击伤其额部。这时恰遇急召，文宗看到受伤的王源中令文宗十分惊讶，王源中如实禀告。文宗称赞其手足和睦，并赐酒两盘，每盘内贮有十只金碗，每碗容量有一升酒许，宣令连金碗一同赏赐。从这段记录中也可以证实金碗有时也会作为酒器。何家村窖藏文物中有一件鎏金舞马衔杯纹皮囊式银壶，银壶腹部饰有舞马口衔金杯屈膝祝寿的纹样，舞马所衔的杯与金碗的形状相近。鉴于此，有学者认为应把鸳鸯莲瓣纹金碗看作饮酒之器。

另外，在两件鸳鸯纹金碗的内壁分别有唐人墨书的“九两半”和“九两三”字样，这种墨书标重在何家村窖藏金银器中并不少见，这是唐代管理贵重金银器物留下的痕迹，反映出金银器在人们心目中重要的地位。

彩绘陶说唱俑

说唱三人组

唐（618 — 907）

俑高17至23厘米

1966年陕西省西安市西郊制药厂出土

说唱俑一组三人，由一件说唱俑和两件伴奏乐俑组成。说唱俑高 23 厘米，为一位须髯浓密的伟岸老者。他坐在一个圆形高墩上，仰面翘颌，眉目含笑，左手扶腿，右手半抬，似正在兴致勃勃地说唱。旁边的两个伴奏俑均高 17 厘米，正为其奏乐伴和。其中一人盘腿坐在圆形垫子上，双手捧笙认真吹奏；另一人两腿交叉坐在一不规则的坐垫上，作弹拨乐器状。这组陶俑虽然彩绘脱落严重，但整体造型生动逼真，表情真实传神，再现了昔日唐代民间说唱艺术的真实风貌。

说唱俑（3件）

说唱是曲艺艺术中最常见的一种表现形式。顾名思义，说唱艺术最基本的形式特征就是有说有唱、说唱结合。它是一种包括了文学、音乐（含歌唱和器乐伴奏），并带有表演特点的综合艺术，有一人说唱、二人说唱和配乐说唱等不同的组合形式。追溯中国说唱艺术之源，可以清晰地看出，中国说唱艺术既受中原民间音乐文化的影响，也受外来文化的影响，其成熟与发展，与丝绸之路也有着密切的关系。

作为以民间音乐为基础的说唱艺术，其文学部分来自歌谣、神话、传说、寓言、笑话、故事等民间文学的各种体裁，丰富的文学体裁提供了为说所用的散文和为唱所用的韵文两种形式。其音乐部分主要来自民间小调歌曲，而尤以其中的民间叙事歌曲为主。其表演形式可追溯到先秦时期的倡优。倡优以滑稽、生动的说笑表演取悦于人，他们是最初的职业艺人。说唱艺术所使用的伴奏乐器最初也是最基本的打击节奏的乐器，可以追溯到民间原始状态的“杵歌”。迄今所知最早的可歌可诵、长短句式相间的韵文体唱词是战国荀子的《成相篇》，虽然还不能判其为说唱的唱词，但至少可以将它看作是后世说唱文学和戏曲文学的一个源头。在先秦《诗经》和《楚辞》的基础上，到六朝时，乐府民歌中已有为数不少的较为成熟的叙事歌曲了，如《王昭君》《孔雀东南飞》《秋湖行》《杨判儿》《木兰辞》等。这种由诗而词、由词而曲、诗乐结合的乐歌形式，为后来的说唱艺术的形成奠定了基础。

但是，对说唱艺术有直接影响的，还是通过丝绸之路所传入的佛教的“讲唱”。公元 1 世纪，随着佛教东传，佛教的讲唱也从印度传入中原。佛教“讲唱”也叫“俗讲”，是以边讲边唱、韵散相间的形式来宣讲佛经和佛理的。其曲子称为“佛曲”，文字称为“变文”。最初的“变文”题材都为佛教内容，如《维摩诘经变文》《妙法莲花经变文》等。最初的变文和佛曲都是从印度照搬过来的。为了广播佛法，佛教僧侣就必须适应本土的世情风貌，采用中国民间流行的题材和曲调讲唱，以吸引听众。《宋高僧传·读诵篇》中提到，唐代贞元年间（785—805），俗讲僧少康美妙的讲唱感染了当时的人们。从敦煌藏经洞发现的大量俗文学看，除了一些宣扬生死轮回、颂扬佛法的“经变”，还有很多讲唱历史和民间故事的“俗变”。从经变到俗变，内容、演出形式、技艺水平等各方面都比佛教“讲唱”有所拓展和提高，还产生了《孟姜女变文》《王昭君变文》《汉将王陵变文》

等脚本，内容不限于佛经故事。后来，讲唱者也不全是僧人，出现了民间艺人的说唱，形成了完全世俗化的说唱艺术。至唐开元、天宝之后，出现了固定的演出场所——“变场”，俗讲者还有人给予布施，有了经济收入。

佛教讲唱东渐中原，和中原传统乐歌文化艺术相交融，并增加了中原色彩。至唐代，完整的说唱艺术得以形成，并盛行于丝绸之路的起点——长安。文化的交流是双向的，中国风格的说唱艺术又沿着这条“文化运河”向域外流传。敦煌的佛教“讲唱”流行早于中原，但其大量的民间故事、历史故事题材的变文，却是从中原传去的。通过海上丝绸之路，说唱艺术又传到了日本，17世纪盛行于东京、京都、大阪等地，说者用扇子做道具，以醒木拍桌子来加强演出气氛，形成了日本风格的说唱艺术。

中国说唱艺术是东西方文化交融的产物，不但和以后的弹词等民间艺术有着一脉相承的关系，也为此后戏曲艺术的繁荣打下了坚实的基础。而说唱艺术之所以能在唐代发展成熟，有赖于唐代经济的繁荣、政治的稳定、文化的开放，以及市民阶层的扩大。这组栩栩如生的唐代说唱俑，不仅让我们一睹唐代民间丰富多彩的文化生活，也可以让我们一窥唐代富足、开放的时代氛围。

彩绘陶说唱俑

说唱六人组

唐（618－907）

俑高7.7至9厘米

1983年陕西省西安市西郊枣园村俾失十囊墓出土

这组彩绘陶乐俑是由一位交脚而坐的表演者和五位盘腿而坐的乐师组成的说唱组合。表演者目视右前方，表情生动，双手比划，似正在叙说。五位乐师除一位乐师手里的乐器丢失外，其他四位乐师分别吹弹演奏着横笛、长笛、琵琶和答腊鼓。六人均着唐人最平常的圆领窄袖长袍，头戴幞头，但面貌则为胡人形象，特别是留络腮胡的说唱者和敲答腊鼓的鼓手，更是典型的胡人形象。他们六人动作协调，配合默契，共同营造出一种欢乐、热烈的表演氛围。

横笛是从西域传来的，而长笛则是一种非常古老的中国乐器，也是中国乐器中最具代表性、最有民族特色的吹奏乐器。这种竖吹的长笛属于洞箫类乐器，不同的时代有不同的称谓，史书中记载的“龠”“长笛”“尺八”，都属于同类乐器。直至元代之后，这种单管竖吹的乐器才被称之为“箫”。

琵琶，是中国传统的一种民族乐器，大约出现于秦汉时期，其形制为直柄圆形共鸣箱的直项琵琶，竖抱用手弹奏。南北朝时，曲项琵琶由波斯经今新疆传入中原，当时称作“胡琵琶”，其形状为曲颈，梨形音箱，用拨子演奏，大约在北魏时期出现了手指弹奏琵琶的方法。自魏晋南北朝以后，琵琶样式虽然已趋向定型，但称谓逐渐混乱，直到唐代，琵琶之名才开始固定，圆形的称为“阮”或“阮咸”，梨形的称为琵琶。这组乐俑中乐师怀中横抱的琵琶就是这种梨形音箱的“胡琵琶”，也就是现代意义上的琵琶。

答腊鼓也称达卜，就是俗称的新疆手鼓，是维吾尔族、乌孜别克族、哈萨克族等民族经常使用的乐器。达卜起源于阿拉伯，经丝绸之路东传到中国。南北朝时，龟兹人已经使用达卜。隋唐时期，达卜随西域歌舞传入内地，汉族把它称为答腊鼓。白居易《胡旋女》诗中有：“胡旋女，胡旋女，心应弦，手应鼓。弦鼓一声双袖举，回雪飘摇转篷舞。”生动描绘了答腊鼓与歌舞的密切关系。《西域见闻录》中记载：“回乐以鼓为主，声音抑扬高下，随鼓而起落，而歌舞节奏之盘旋，亦以鼓为节。”这说明达

说唱俑（6件）

卜在民间乐队或歌舞中起着打击节奏的作用。达卜音色清脆响亮，声音力度变化幅度大，演奏技巧灵活多变，可起到烘托各种不同乐曲、调节气氛的作用。

中国以讲故事为内容的说唱艺术，主要由歌唱和说白交替进行，互相补充，其文学底本是民间叙事诗。经过汉代以来数百年的不断发展，除充分汲取民间音乐和民间文学艺术的营养之外，还大量结合了经丝绸之路传入的佛教的“讲唱”形式，因此，到唐代，说唱艺术有了更大的发展，比

前朝更加兴盛。长安作为唐王朝的首都，说唱表演自然非常流行。当时的说唱大致分为两类：一种是寺院僧尼的说唱，另一种是世俗艺人的说唱。

这组六人说唱俑是研究唐代乐舞的珍贵实物资料。说唱俑和敲答腊鼓的鼓手体型健壮，深目高鼻、留络腮胡须，是典型的胡人形象。唐代长安曾是国际性都会，在居民中有不少胡人。这些胡人有的入仕为官，有的从事贸易，还有不少胡人从事音乐、舞蹈方面的工作。宫廷是胡族乐人集中之地，他们不仅从事演出，也参与谱曲，对唐代音乐艺术的发展产生了深

说唱俑（局部）

远的影响。例如，隋末唐初胡人王长通、白明达等参与修订宫廷音乐，唐太宗时期的胡人乐工康昆仑擅长琵琶演奏。外域乐人长期在长安活动，有的已经成为世家，他们家学相承，技艺精湛，长期入奉宫廷。如著名的曹宝、曹善才、曹纲祖孙三代均来自西域曹国，都以精湛的琵琶演奏技艺著称于世。唐代诗人李坤曾作诗称赞曹善才的宫廷演出："穆王夜幸蓬池曲，金銮殿开高秉烛。东头弟子曹善才，琵琶请进新翻曲。"白居易也曾作诗称赞曹纲："拨拨弦弦意不同，胡啼蕃语两玲珑。谁能截得曹纲手，插向重莲衣袖中。"另外，唐代教坊中的乐工中也有相当一部分是胡人，还有一些外域艺人出入宫廷，或在民间从事杂技、魔术、说唱等表演活动。例如《教坊记》中有提到“筋斗裴承恩”，裴承恩供奉于唐玄宗时期的朝廷，善于翻跟斗，应是西域人。《教坊记》中还提到：“筋斗裴承恩妹大娘，善歌。”裴大娘是裴承恩的妹妹，善于唱歌，应该也是胡人。俾失十囊墓出土的这组形态逼真的说唱俑，正是当时长安城内从事各类表演艺术的少数民族形象的典型塑造。

从出土的墓志可以知道，墓主人俾失丨囊是唐代特进右卫大将军雁门郡开国公，字自牧，阴山人，属于突厥族。突厥族最早居住在准格尔盆地以北，是匈奴的别支，过着游牧生活。6世纪中叶，突厥族开始发展壮大。这一时期，正逢中原内地五胡十六国和南北朝的分裂和动乱时期，势力日渐强盛的突厥人不仅建立了自己的政权——突厥汗国，统领了中国长城以北和整个新疆，以及中亚腹地和小亚细亚的广大地区，而且还时时闯入内地劫掠财富人口。公元581年隋朝建立后不久，突厥因内讧分裂为东西两部，西突厥在阿尔泰山以西，东突厥则控制着东起兴安岭、西到阿尔泰山的广大地区。唐武德七年（624），突厥骚扰关中，前锋直逼唐都长安城外渭水便桥之北，距长安城仅20千米，京师震动。唐太宗被迫亲率臣下及将士隔渭水与东突厥颉利可汗对话，并许以金帛财物，与之结下“渭水之盟”。贞观三年（629），唐太宗为了保卫国家统一，利用漠南连年大雪，牲畜冻死的严重灾害，以十万大军出击东突厥，大破颉利可汗兵，东突厥灭亡。五年以后，唐太宗又利用西突厥严重内讧的机会，开始进攻西突厥，经过激烈战斗，前后六年多，终于取得了胜利，打开了通往西域的通道，并在龟兹（今新疆库车）设置安西都护府，实现了对西域的控制。俾失十囊的墓志铭文中有“开元之初，早怀忠果。坐幽陵而通变，望绛阙而来朝。主上嘉之，擢拜特进。念开诚款远，慕淳风寄以爪牙，方择圣志，加授右卫大将军，封雁门郡开国公”的记载，说明俾失十囊在开元之初臣服于唐后，并被进官加爵。这一碑志内容不仅与史书记载在时间上可以互相印证，还可由此判断，俾失十囊应该是西突厥人。因此，在他的墓葬中出土胡人形象的乐俑，似乎也是为了让他在另一个世界继续享受“乡音”的陪伴。

这组六人说唱俑是当时说唱艺术繁盛的一个缩影，他们惟妙惟肖的神态和表情，仿佛让今天的人们听见了一千多年前长安城里悠扬悦耳、充满异域风情的胡乐和说唱声，使人无限遐想、无比神往。

鎏金伎乐纹银杯

粟特人的酒杯

唐（618—907）

高6.7厘米，口径6.9—7.4厘米，足径4.4厘米

1970年陕西省西安市南郊何家村窖藏出土

鎏金伎乐纹银杯无论是从造型还是从装饰上看，都是一件典型的粟特银器。银杯杯体呈八棱形，每条棱线为中间微凹两端挑起的弧形，这就使得整体造型在强烈的硬直感中平添了一丝柔和。杯的底部又向内折成圜底，与喇叭形状矮圈足相衔接。银杯的一侧有圆环形柄，柄的上部有垂直覆盖的指垫，上面装饰两个后脑相抵、深目宽鼻、浓须长垂的胡人头像；环柄外侧是一立体的兽头，环柄下端有小钩尾与杯体连接。银杯八个竖条形弧面中，每一面浮雕一位乐伎，其中四位或吹排箫、或执小铙、或吹洞箫、

或弹曲项琵琶；另外四位两人拂袖舞蹈，一人抱壶，一人执杯。八位乐伎都是深目高鼻、头戴尖顶帽或瓦楞帽、身着窄袖翻领长袍的胡人形象。乐伎两侧，点缀山石、飞禽、花草，并以鱼子纹为底纹，八条棱边、下部折棱以及足底棱边，则以联珠纹装饰。综合分析，鎏金伎乐纹银杯的具体年代应该是初唐，是件实用的饮酒器，从环柄孔约 2 厘米分析，可能是女性用的葡萄酒器。

银杯上的乐伎形象，具有鲜明的粟特风格。粟特人，中国古代文献统称为昭武九姓、九姓胡，或者简称为“胡”，是生活在中亚阿姆河和锡尔河中间的泽拉夫珊河流域的古代民族，属于伊朗文化系统。粟特地区有康国、米国、何国、安国、石国等若干个独立的城邦，以康国为中心。历史上，这些绿洲王国没有形成一个集权的整体，一直依附于周边强大的政治势力，直到 8 世纪时并入阿拉伯帝国，因此其文化呈现出复杂的多样性。善于经商、能歌善舞是粟特人最为显著的特征。从公元 3 世纪到 8 世纪，大量的粟特人沿着丝绸之路来到汉文化的核心区长安，也带来了他们的歌舞。唐代，粟特人在长安更为活跃，他们有的入朝做官，有的经营生意，有的为达官显贵御马驾车抬轿，有的则以歌舞伎乐来满足社会各个层面的需求。唐太宗贞观年间（627—649）形成的“十部乐”，是法定的国家礼乐，其中有七部来自西域，这当中《安国乐》、《康国乐》两部就是粟特人的作品。作为政治、文化中心的唐长安城，汇集了一批来自安、康、石、米、曹国的音乐演奏或舞蹈表演者，他们深入基层实地表演，将西方音乐

鎏金伎乐纹银杯

舞蹈传向各个角落，也因此受到人们的喜爱。如康国音乐家康洽，戴叔伦的诗篇《赠康老人洽》就是专门赞赏他的。西域乐舞热情奔放，随意张扬，极具表现力和感染力，不仅给中国传统乐舞注入了新鲜血液，也对唐代社会生活和文学创作产生了巨大的影响。唐代文人有许多作品对此进行了详细描述，如白居易《听曹刚琵琶兼于重莲》《柘枝伎》《胡旋女》、刘禹锡《与歌者米嘉荣》《观柘枝舞》、李颀《听安万善吹觱篥歌》、李端《胡腾舞》等等。表演时，除了舞蹈、伴奏的乐伎，还有助兴酒和酒器，银杯上将这些要素全部涵盖并表现了出来。只是由于银杯格局的限制，其对乐舞的表现显得有些支离破碎。

将金银器皿制作成八棱形或八角形（也被称作八面、八方形），在唐代就已经出现了，但这并不是中国的传统，而是粟特人接受波斯金属器皿影响后的一种模仿，即用波斯的八角器型加上了自身流行的乐伎图案，显示出粟特人位居东西方中间担当传播者的重要角色。粟特人将这种八角器带到中国后，又对唐代金银器的制作产生了影响。何家村窖藏共出土了 3 件八棱乐伎人物纹金银杯，虽然整体风格相似，但形状、大小、纹饰以及制作工艺，都有明显的差别。除这件伎乐纹银杯外，另外 2 件被认为是中国工匠的模仿品。可能因为对工艺和题材的不熟悉，导致制作上比较粗糙，纹饰也缺少精细的局部表现。西安东郊出土的蔓草纹八棱银杯，虽然也是八棱的造型，但装饰上已经没有了人物，取而代之的是唐代流行的蔓草纹。由此可以看出，在接受粟特金银器造型、构图方式影响后，唐代金银八棱杯也在发生着适应本土的变化。

苏常侍造印度佛像

唐人所造的印度佛像

唐（618 — 907）

长8.6厘米，宽8.6厘米，厚1.3厘米

1954年陕西省西安市玉祥门外西北建筑工程局送交

苏常侍造印度佛像为灰陶质地，略呈半圆形。正中主尊佛螺形高肉髻，面型丰满，身着轻薄透体的袒右肩式袈裟，左手指地作降魔印，右手置于膝上施禅定印，结跏趺坐在束腰方座上。佛头后有双重圆形头光，身后有一方形靠背，边饰联珠纹。两侧胁侍菩萨头戴花冠，肩搭帔帛，衣裙贴体，身体略呈 S 形扭曲，体态优美婀娜。在主尊佛与左右胁侍菩萨之间，上下各有一佛塔。佛像上部布满花叶，两侧饰莲枝，像座右下角有侧身行走的狮子。座下排列七行小字，为四句偈语，文曰：“诸法从缘生，如来说是

苏常侍造印度佛像

因，诸法从缘灭，大沙门所说。”此偈语为佛教中的法身偈，又名缘起法颂。有多种译文，文字略有出入。它是佛教根本教义所说的四圣谛中苦、集、灭三谛的偈语。佛像背面有铭文14字：“印度佛像大唐苏常侍普同等共作”。

这种小型的陶佛像被称为善业泥，它是佛教徒为方便供奉而创造出的一种佛教造像形式。其制作方法是将澄洗的泥压入小型模范中成像，然后经高温烧制而成。因为唐代此类造像背后有“大唐善业泥，压得真如妙色身”铭文，故而得名。善业泥在北魏时期已经出现，迄今所知最早的有明确纪年的善业泥，为西魏大统八年（524）扈郑兴造三佛像。但总的来说，善业泥在唐之前数量很少。从初唐开始，善业泥的制作兴盛起来。究其原因，除了崇信佛教之风极盛，信众们争相制像以表达虔诚外，还因为唐初铜料主要用以铸钱、铸镜，其他一切器物能避免用铜者概不用铜。用泥造像取材容易，工艺简便，便于大量制作。目前发现的唐代善业泥主要集中在唐长安城故地西安地区。这些善业泥与铜、石佛像一样，有着鲜明的时代风格，是我们研究佛教文化发展不可缺少的实物资料。

这件苏常侍造印度佛像，质地细腻坚硬，纹饰清晰精致，是善业泥造像中不可多得的精品。尤其引人注目的是，善业泥的铭文特意点明“印度佛像”，表明此佛像与印度有着密切的关系。首先，制作善业泥的风俗传自印度。唐义净法师《南海寄归内法传》在卷四中记述，7世纪的印度有一种“拓模泥像”，建佛塔时常将这种“拓模泥像”堆放在一起，外面用砖作成佛塔，这些佛像是用来奉献佛塔的。为了增大功德，要在“拓模泥像”中安放两种舍利，一是“大师身骨”，即将高僧的骨灰掺入泥中；二是像上要有缘起法颂。苏常侍造印度佛像上就有缘起法颂，与义净法师记述正相吻合，可见“拓模泥像”就是善业泥。另外，义净法师在《大唐西域求法高僧传》中记述，东印度三摩坦咤国国王“每于日日造拓模泥像十万躯”，可见这种造像在印度十分普遍。

其次，从这件造像的造型来看，着袒右肩式大衣、螺发、丰满宽厚肩膀的造型，以及贴身大衣不刻衣褶纹，仅在衣领部及腿部稍加刻划边缘线作以装饰的手法，是传自印度笈多时代（约320—600）萨尔那特的佛像样式。萨尔那特位于恒河中下游，佛的成道地鹿野苑即在附近。笈多时代以萨尔那特为中心制作的这种无衣纹佛像极为流行，著名的阿旃陀石窟在4至6世纪制作的佛像，几乎无一例外均是这种无衣纹佛像。佛像身后带方形靠背的金刚宝座，也是萨尔那特佛像上常用的。这件造像之所以特地强调“印度佛像”，表明它是不同于当时人们眼中看到的早已中国化的佛像样式，而是直接来源于印度传入的新样式。据史料记载，初唐时期，西行归来的玄奘法师及三次出使印度的朝廷官员王玄策，都先后从印度带回了佛像的实物和模本，苏常侍造印度佛像应该就是直接摹自了印度传入的样本。

据《大唐大慈恩寺三藏法师传》卷十记述，玄奘法师在贞观二十二年（648）移住长安慈恩寺，修筑了大雁塔以收藏从印度带回的佛经和佛像。唐高宗继位后，对玄奘大师礼敬愈隆，不仅频频遣派朝臣慰问，而且多次布施锦帛和袈裟等物品。法师将这些财物全部用于建造佛塔、佛像，以及施舍贫穷等。玄奘大师曾发愿：“造十俱胝像，百万为一俱胝，并造成矣。”以百万为一俱胝计算，十俱胝共为一千万尊，这个数字虽然可能有所夸大，但玄奘大师完成了一项大规模的造像工程应该是毫无疑问的。“十俱胝像”是善业泥的可能性比较大，因为其制作简便且成本低廉，相对容易完成得多。发现的实物资料，也让这种推测得到一定程度的印证。自清道光十九年（1839）起至20世纪80年代，在慈恩寺内及其周边，不断有善业泥出土，这些善

苏常侍造印度佛像（背面）

业泥很有可能就是玄奘法师仿照印度“拓模泥像”而制做的“十俱胝像”。

题记中的“苏常侍”和“普同”，均为造像之人。“普同”不可考，“苏常侍”据学者考证就是杨思勖。“常侍”为唐代内侍省官名，正五品。《旧唐书·宦官杨思勖传》中记有，杨思勖原姓苏，罗州石城人，宦官杨氏养子，以阉人身份入内侍省。神龙三年（707），因讨李多祚有功，拜青光禄大大内常侍。开元十二年（724）加骠骑大将军，封虢国公。1958年陕西省西安市东郊出土杨思勖墓志，为开元二十八年（740）所刻，志文内容与《旧唐书》所记符合。杨思勖笃信佛教，开元十二年十月为致谢被封虢国公之恩，曾在光宅寺七宝台内刻了一方石弥勒坐像，并附有“虢国公杨花台铭并序”，此便是现藏于东京国立博物馆的宝庆寺石雕之一。由此推测，苏常侍泥佛像应在中宗神龙三年（707）以后的几年间所造，因为不久杨思勖又被擢迁为左监门卫将军了。

《勇士神兽图》

亡灵的守护者

唐（618－907）

2010年出土于陕西省西安市武惠妃墓

《勇士神兽图》共有四幅，分别两两相对分布在武惠妃石椁正面大门两侧的窗棂之下，其中编号 1、2 的位于左边窗棂下，编号 3、4 的位于右边窗棂下。四幅图均为减地阴线雕刻而成，都是勇士拉拽套着缰绳的狮形神兽的构图。勇士皆为胡人相貌，身穿窄袖长袍，腰系革带，脚蹬尖头软鞋，背上的帔帛随身飘逸绕动，勇士双腿前后叉开，向后用力拉拽着缰绳；神兽皆为狮首，脑颈后的长鬃向后飘张，阔大的长尾翻卷上翘，体肥臀圆，四肢雄健，跨步向前做行走状。向前跨步的神兽和向后拽拉的勇士所形成的动感，在周围如意云纹的衬饰下，使整个画面在祥和中不乏张力，在平稳严整中又见节奏感和层次感。具体看，每幅图中人物、神兽的样貌、形态还各有不同。编号 1 的图案中，勇士及神兽皆右向。勇士头戴长条冠饰带，卷发披肩，胡须浓密，长髯下垂；神兽额顶上的双角向下卷曲，身体上满布豹纹。编号 2 的图案中，勇士及神兽皆左向。勇士头戴长条冠饰带，留有八字胡，颈部带着项圈；神兽额顶上的齿状双角向上耸起，身体上也是满布豹纹，瞠目张口，作吼叫状。编号 3 的图案中，勇士及神兽皆右向。勇士秃顶，卷发后梳下披，下巴处留有稀疏的胡须，颈部带着有吊坠的项圈，革带上系着鞶囊；神兽狮首虎身，回首张口作吼叫状。编号 4 的图案中，勇士及神兽皆左向。勇士头戴长条冠饰带，满脸胡须，革带上也系着鞶囊；神兽也为狮首虎身，扭头侧身作争斗状。这四幅在统一中又有变化的构图内容，一经发现，便以其多元的文化内涵引起了学界的关注和热议。

武惠妃石椁的发现，首先使一直湮埋在史书中的武惠妃走进了公众的视野。根据史书记载，武惠妃是武则天堂兄之子恒安王武攸止的女儿，玄宗即位后，美丽聪慧、善音律的武氏渐乘恩宠。开元十二年（724），玄宗废王皇后，赐武氏为惠妃，礼秩同皇后。开元二十五年（737）十二月，武惠妃薨于兴庆宫，被追赠为贞顺皇后，次年（738）二月葬于敬陵。武惠妃不仅是武则天的侄孙女，她还与唐代另外一位非常有名的女性——杨贵妃有不少交集。开元二十三年（735），年仅 17 岁的杨玉环被武惠妃亲自选定，成为自己与玄宗所生的儿子寿王李瑁的妃子。在之后的几年间，武惠妃是杨玉环的婆婆。开元二十五年（737）武惠妃去世后，玄宗接受他人建议，先让“姿色冠代”的杨玉环出家为尼，然后再入宫纳为自己的

● 武惠妃石椁《勇士神兽图》1、2

妃子，这样，杨玉环又成了武惠妃的继任，很快也获得了“礼遇如惠妃”一样的恩宠，并最终集万千宠爱于一身，成就了与玄宗的千古爱情佳话。

武惠妃石椁是贞顺皇后敬陵留存下来的最为震撼的陪葬品，也是全国已发掘的唐代二十多座出土有石质葬具中体量最大、反映内容最丰富、色彩保存最好的一具。以石椁为葬具是古代丧葬制度中对皇族和位高权重者的最高礼仪，主要见于隋唐五代高等级墓葬中。目前，长安地区唐墓出土的石椁多为皇室成员和一品大员，但实际上并非所有王公贵族都能获此殊荣。武惠妃死后以皇后之礼下葬，并拥有石椁葬具，毫无疑问是玄宗恩宠的结果。

武惠妃石椁为庑殿式建筑，面阔三间，进深两间，为一横向长方形，通长 399 厘米、宽 258 厘米、通高 245 厘米，重约 27 吨，由盖顶、椁室、基座（棺床）三部分共 31 块青石质石材组成。其中，椁室使用石材 20 块，是由 10 根方形立柱和 10 块纵向壁板套接而成。10 块纵向壁板中，石椁

武惠妃石椁《勇士神兽图》3、4

正面和背面各有3块，两侧则各有2块。椁室正面3块壁板的外壁上，浮雕成一门两窗，这四幅《勇士神兽图》就两两相对，分布在石椁正面大门两侧的窗棂之下。

关于这四幅《勇士神兽图》的文化内涵，学者们普遍认为具有浓郁的外来风格，其母题应来源于希腊神话。在希腊神话中，最著名的英雄就是赫拉克勒斯（Heracles），他的一项任务就是要杀死一头危害平民生命的雄狮，而这头雄狮是一个巨大而可怕的怪兽，因此在许多希腊雕刻中，和狮子一起出现的人物指的就是赫拉克勒斯，他的身份是一个守护神。但希腊神话和其中的人物形象在向东传播的过程中，不断发生变化。在犍陀罗地区，它和当地的佛教艺术相结合，从而形成了犍陀罗艺术，也即“希腊式的佛教艺术”。在犍陀罗艺术中，赫拉克勒斯与狮子的图像有两种表现方式，一种是搏斗的场面，一种是和平的形式，这四幅勇士神兽图就是一个搏斗的场面。从勇士隆起的额头、下垂的卷发、浓密的胡须和宽阔的胸部看，都具有比较明显的希腊化色彩。然而，勇士着胡装而非裸体的形象，则说明其风格已经不同于希腊神话对英雄人物的表现了，而是直接受到了犍陀罗艺术的影响。神兽也不完全是狮子的形象，虽然是狮首，但却是鱼尾，头上有如编号 1、2 中的羚牛和鹿的角，身上或有如编号 1、2 中的豹纹，或有如编号 3、4 中虎的身子，这些特征都反映了西亚、中亚地区广泛流传的混合动物的神兽造型理念，具有家园守护神的象征意义。虽然赫拉克勒斯与狮子的图像在东传的过程中不断变化，但其作为护卫者的身份一直不曾改变。武惠妃生前因为给自己儿子争立太子，挑唆玄宗杀死其他几个儿子，从而“怖而成疾，巫者祈请弥月，不痊而陨”。因此，在她的石椁上雕刻勇士与神兽，既符合武惠妃生前畏魔惧鬼的心理需求，也满足了生者对石椁中的亡灵能在勇士与神兽的护卫下得以安息的美好希冀。

武惠妃石椁回归记

武惠妃石椁能收藏于陕西历史博物馆，则得益于公安部挂牌督办的“1.05”专案的破获。2006年1月5日，一份关于陕西地区文物犯罪的机密文件批转到了西安市公安局，西安市公安局刑侦局很快成立了“1.05”专案组，经过缜密侦查，于2006年2月13日破获了以杨彬为首的特大盗掘、走私文物案。经审理查明，2004年5月至2005年6月，杨彬策划组织了二十余人，对位于西安市长安区大兆乡庞留村西侧的唐代陵墓，先后6次进行了盗掘，并将陵墓内一套彩绘石椁进行拆解、包装，然后陆续运到广州，并最终以100万美元贩卖走私到境外。根据杨彬等人交代中提供的线索，陕西省文物部门一方面组织人员对庞留村唐墓进行抢救性发掘，一方面积极配合公安部门，追查被走私石椁的下落。

2008年9月至2009年5月的考古发掘表明，庞留村唐墓为一坐北朝南、有夯筑覆斗形封土、长斜坡墓道、7个天井的大型唐墓。虽然墓内一片狼藉，葬具、随葬器物被盗殆尽，但结合墓葬形制、渣土中筛查出的哀册、征集到的陪葬宫女墓志等遗迹遗物，再结合文献记载，确知庞留村这座不为人知的大墓，正是埋葬唐玄宗宠妃——武惠妃的贞顺皇后敬陵。

杨彬被捕后，自知罪行重大，害怕说出石椁的下落会加重刑罚，拒不交代石椁去向，但陕西公安部门和文物部门却不愿意放弃追索文物的任何可能。经过不懈努力，2007年12月，警方才从有关方面获悉，石椁已经香港被卖给了一位美国古董商。通过各种关系，“1.05”专案组终于与香港的一位知情人取得了联系，并通过这位知情人与美国古董商开始进行交涉。经大力劝说和多次谈判，特别是在庞留村贞顺皇后陵石椁被盗现场的实地考察，令香港知情人和美方代表十分震惊和惋惜，美方代表在考察现场随即表态：石椁对美国人来说，是中国古代精美的艺术品，但它在中国却承载着一段历史，文化意义重大，回美国后他会尽快促成石椁归还中国。2010年3月，美方代表发来电子邮件说，古董商同意将石椁无条件归还中国。在国家相关部门的共同努力下，2010年4月29日，历经劫难的石椁终于又回到了西安，并入藏陕西历史博物馆。武惠妃石椁的追索回归，不仅有效地保护了祖国优秀的历史文化遗产，也是对从事盗掘、走私文物的犯罪分子以及在境外购买非法出境中国文物古董商们的强有力震慑和警示，更是对相关文物保护国际公约的维护和捍卫。

牛尊

西周的仿生形盛酒器

西周（前1046—前771）

通长38厘米，通高24厘米

1967年陕西省宝鸡市岐山县出土

牛尊，为一青铜铸造的盛酒器，造型为一头朴实健壮的牛形。牛作伫立状，头向前平伸，两角呈圆弧状方扁形，双眼圆睁，张耳抱角，生动传神。最奇妙的是，牛的各部位均被派上了实际用途。牛躯体中空，以盛放酒水；牛舌作流，牛尾卷成半环状作柄，挺直的四足成为器足，背上开方口以注酒。方口上置盖，盖面上铸虎纽。虎昂首竖耳，双目圆睁，嘴巴大张，利齿外呲，扬尾躬身，四腿发达有力，体微后缩似作扑攫状，表现了猛虎扑击前的紧张瞬间。器与盖以环钮相连，提钮揭开盖子，便能注酒于器腹中；倒酒时只要提起后腿，前腿着地，使上昂的牛头前倾，酒水就能从牛舌上汩汩流出。

牛尊通体及牛腹部两侧、臀部都装饰着图案各异的窃曲纹。窃曲纹是西周中期新出现的一种装饰纹样，它虽然由早期的饕餮纹分解演变而来，但已看不出多少饕餮纹的样子了。窃曲纹由中央的兽目与四周婉转流畅的圆弧状线条组成，呈图案化、几何化的装饰效果。窃曲纹一般饰于器物的口沿、颈部、圈足处，像牛尊这样将之作为主体纹饰装饰器物腹部的较为少见。窃曲纹曲中有直、造型灵动，将其铸造于器身上，显得稳重厚实，无丝毫轻浮之感。牛尊方扁形的牛角上刻有表示角节的阴线，眉额以阴线刻饰菱形纹，圆雕的虎钮身上也有阴刻短线以表现虎的花纹。器盖的两侧装饰着夔龙纹，夔龙嘴巴大张，回头后望，身体修长而斜直。整体构图简洁疏朗，线条粗犷。

像牛尊这样以牛为器的造型在商周时期并不多见，除这件外，迄今所见的青铜牛尊还有两件。其中，殷墟花园庄东地 M54 出土的牛尊，属于商代晚期。整体也呈体态健壮的牛形，牛背上有一长方形盖，盖与器身为子母口扣合。牛尊纹饰繁缛而精美，所有的主纹均以细密的云雷纹衬地。尊盖上钮两侧各有一夔纹，左右对称，卷云纹角，圆角长方形眼，直身，尾部弯折，尾端内卷。盖钮顶部饰菱形纹，钮足两端饰兽面纹。这件牛尊纹饰中共有不少于 26 个之多的动物形象，计有虎纹 4 个、鸟纹 2 个、鱼纹 2 个、兽面纹 4 个、夔纹 14 个以上。1977 年，湖南省衡阳市郊也出土

牛尊

过一件商代晚期的牛尊，其造型构思也很巧妙。其盖、身组合为一牛形，盖为牛首，背部饰立虎、鱼状纹，腹部饰凤鸟纹，凤鸟身上饰有羽纹与卷云纹，并且以细密的云雷纹衬地。这两件商代晚期牛尊的共同特点都是纹饰繁缛华丽，并衬以细密的底纹，完全不同于宝鸡岐山县出土的这件西周中期牛尊所体现的洗练简洁、容易理解且富有亲切感的风格，这充分反映出西周中期人们在审美情趣上的变化。

以牛形作为敬神祈福的礼器，反映了先秦时期人们对牛的尊崇。在殷周时期，牛是最常见的家畜，有黄牛与水牛两种。这件牛尊中的牛体格粗壮，四肢较短，头顶有一对向后弯曲的扁三棱状大角，这些都是水牛的特征。在考古发掘出土的青铜礼器中，用牛头作为装饰图案屡见不鲜。如侯家庄 1004 号大墓出土的牛方鼎，主纹是一牛头。西周时期出土的铜尊的肩、腹部也常见立体牛头。著名学者张光直指出，商周青铜礼器“是巫觋沟通天地配备的一部分，而其上所像的动物纹样也有助于这个目的”。因此，礼器上的牛形纹样，也应担负着通天地的职责。

在古代，习惯上常将模拟兽类形状的器物称为牺尊或鸟兽尊，“牺”是祭祀用的牲畜的总称。鸟兽尊这一名称，在先秦文献中已有记载。青铜鸟兽尊在殷墟前期开始出现，到殷墟晚期有了一定的发展，品种也较为丰富，出现了牛尊、犀尊、羊尊、猪尊、象尊等。从出土实物看，西周时代是青铜鸟兽尊制作的最发达时期，不仅数量较大，而且种类繁多。根据学者们的研究，牛尊有可能与古时候的“祼祭”有关。据《周礼》记载，“祼祭”是为祭祀死者专门进行的灌祭。祭奠时要将酒灌注于地，以献于死者。举行这种仪式时，使用的酒具多为特制的鸟兽形器，所以有学者推测，这件牛尊有可能就是用作“祼祭”的特制酒具。至春秋战国时期，青铜鸟兽尊的数量逐渐减少，品类也趋于单调，以前的一些器型已经消逝，新出现的器型在春秋时代主要有鸟首兽尊，而在战国时代则流行组合了各种动物形象的牺尊。

此件牛尊仿照牛的造型，采用仿生与实用相结合的艺术手法，巧妙地利用了动物的各个部位，独具匠心地实现了盛酒器——尊的实用功能，同时又收到了美的艺术效果，充分体现了周代先民的聪明才智，是一件令人过目不忘的青铜艺术品。

五祀卫鼎

西周中期土地交换的实证

西周（前 1046 —前 771）

通高37.2厘米，口径34.1厘米，腹深19.8厘米

1975年陕西省宝鸡市岐山县董家村窖藏出土

五祀卫鼎，青铜铸造而成。鼎耳竖立，口沿微平而外折。器腹向外倾垂，上腹部施一周以细雷纹填地的窃曲纹。平底，柱形三足较细长。此鼎形制为西周中期的典型样式，尤其是下腹倾垂具有明显的时代特征。不仅圆鼎如此，簋、尊、卣、壶等其他圆腹类铜器在西周中期均变为垂腹式，形成统一的、特征鲜明的时代风格。窃曲纹是流行于西周中晚期至春秋早期的主要青铜器纹饰之一，它是从动物形象抽象演化而成的一种几何纹样。窃曲纹的构图形式为二方连续，以一个单位纹样向左右方向作有规律的连续重复排列。该鼎上腹部的窃曲纹曲中有直，富有节奏感，同时又将单调的器壁分为上下两部分，打破了器表的平淡格局，使整个器物在稳重、厚实之中，增添了一份变化和灵动。

尽管此器造型质朴，纹饰简单，但其腹内壁所铸的铭文，却使它具有了无与伦比的历史价值。其铭文字体已脱离了早期那种“波磔体”作风，形体开始变得长方，笔道均匀，但在一些字体上还保留着肥笔和波磔的遗风，具有明显的过渡时期的特征，与器形、纹饰的总体风格相一致，进一步证明其时代当属西周中期。特别是其铭文内容所反映的重要内容，更被誉为“青铜史书”。

铭文共十九行二百零七字，大意是讲恭王五年正月，裘卫为了在昭王太室东北营治二川（泾水和渭水），准备用自己的土地五田（五百亩）交换邦君厉的四田（四百亩）。他把这件事报告给邢伯、井白、白邑父、定白、□白、白俗父等王室执政大臣。这些执政大臣们向厉询问，厉表示同意，并起了誓。大臣便命令三有司（司徒、司马、司空）及内史具体执行授田过程，勘定田地疆界，办理易田手续。这篇铭文记载了土地交换的具体过程和仪式，涉及勘踏边界和设立边界标志、当场给付和设宴迎接，以及赠送礼物等。

根据铭文，该器的器主是裘卫。“裘”的本意是皮衣，在这里是一种官名，即《周礼》中的司裘。《周礼》记载，司裘的职务是：“掌为大裘，以恭（供）王祀天之服。中秋献良裘，王乃形羽物。季秋献功裘，以待颁赐……凡邦之皮事掌之。”司裘的属官有掌皮，掌皮的职务是：“掌秋敛皮，冬敛革，春献之，逐以式法颁皮革于百工，恭（供）其毳毛为毡，以待邦事。”由此可知，裘卫是西周王朝一名主管皮裘生产和贮藏的官吏。与五

五祀卫鼎

祀卫鼎同窖藏出土的卫盉上的铭文记载了天子对裘卫的册命：“……王乎内史易卫韦市、朱黄……”1973年沣西出土的卫簋铭：“佳八月初吉丁亥，王客于康宫，荣伯右卫内，即立，王增令卫，……”此铭傧右者，即陪同者为荣伯，可知此铭的卫也是裘卫。天子对裘卫已有命赐，今再增加命赐之物，可见裘卫深得天子之宠。作为一位新兴贵族，裘卫利用权势之便，跟之前享有领地的奴隶主贵族进行土地交换，从而拥有了大片原本属于贵族的田地和林地。

与五祀卫鼎同窖藏所出的其他裘卫器也都提供了研究西周土地制度的重要资料。卫盉记载了土地交换的具体价格是八十朋换取田十田，廿朋换取田三田。当事人告知伯邑父等五大臣，由五大臣主持，并由三有司具体执行授田的过程。九年卫鼎记录了裘卫用物品换矩伯的林地，从而使我们对西周后期林地的转让情况有了进一步的了解。卫盉中土地交换程序包括受田方当场受田和设宴迎接。可见土地交换兴起之时，有着比较严格的程序要求。五祀卫鼎中土地交换的程序则更加严格和程序化，同时期的九年卫鼎也记录了复杂的交换程序。

根据历史文献记载，西周时期周王虽把土地分封给各级奴隶主贵族，但这些土地名义上仍属于周天子，受封者不得买卖和私下交换。《诗经·北山》：“溥天之下，莫非王土。”《礼记·王制》：“田里不鬻。”就是关于西周土地制度不允许买卖和交换的明证。但从上述裘卫诸器的铭文中我们不难看出，至少到西周中期，土地制度已发生了动摇和变化。目前涉及土地交换的金文资料主要有卫盉、五祀卫鼎、九年卫鼎、格伯簋、曶鼎、师永盂、大簋、格伯簋、吴虎簋、散氏盘等器物上的铭文。随着这些反映西周时期赏赐土地、田宅和土地交换等现象器物的相继出土，我们不仅看到了与典籍记载不同的实例，而且也了解了西周前后期之交土地制度变化的过程。从西周初年周王分封官爵、赐土、赐田、赐宅，康王、召王时期的周王转封土地，到恭王、懿王时期贵族之间以物品交换耕地或林地的现象，使我们对西周的土地制度有了系统和全新的认识。这种新型土地关系的背后，应当是西周社会发生变革一个侧面的真实反映。土地交换的发生，改变了原有土地制度的性质，成为一种新土地制度的开始。与土地制度同步变化的还有宗庙的祭祀制度、墓葬的陪葬器用制度、职官制度等，它们共同构成了西周社会新时期的重要特征。

五祀卫鼎上关于恭王时期土地交易的铭文表明，西周土地交换由中期的恭王时代已经开始，土地占有形态已经有了显著的变化。通过梳理现有的金文资料，由卫盉铭文起，到宣王时期的吴虎鼎止，期间历经了恭王、懿王、夷王以及厉王时期，其中以记录恭王和厉王时期的土地交换为最多。而从大的历史背景来看，恭王时期起，周王室已经开始显现颓势。“恭王、懿王、孝王、夷王四世，周政乏善可陈……王室多故，诸侯干涉王位继承……王威陵夷，也由夷王开始。”到了厉王时期，更是“西周崩溃的开始”。由此可见，土地交换与王室衰微在时间上的契合并非巧合。应该说，正是在王室不断衰微的背景下，土地交换才逐渐兴起的。

更难得的是，五祀卫鼎铭文中有准确的年号和执政官姓名，荣伯、邢伯、益公等都是恭王时期职位最高的执政大臣。所以，该件器物被认为是恭王五年器。裘卫诸器中的卫盉是恭王三年器，九年卫鼎是恭王九年器，因而，裘卫诸器成为判断西周恭王时期的一套标准器。

金怪兽

匈奴首领的金冠饰

战国（前 475 — 前 221）

高11.5厘米，长11厘米

1957年陕西省榆林市神木县纳林高兔村出土

金怪兽，纯金质地，圆雕立体状，造型为一弯颈低头作角抵状的怪兽站立在一四瓣花形的托座上。怪兽体内中空，外壳较薄，形象奇特。之所以被称之为怪兽，是因为它具有鹿身、鹿角、鹰嘴、兽足、蝎尾等多个动物的特点，是多种动物的集合体。怪兽眼珠凸出，双耳竖立，硕大的双角内弯并作倒八字形向侧后展开。双角分别由前后相连的四个枝杈组成，每个枝杈则由身相连、背相对的 2 只鸟形怪兽组成。鸟形怪兽也为立耳、环眼、鹰喙，脖颈及身体屈曲虬结。这样算来，一只角上就有 8 只鸟形怪兽，而

金怪兽

双角上则有16只鸟形怪兽。金怪兽的尾巴卷成环状，亦是由一只鸟形怪兽构成。所以，金怪兽的身上共隐藏了17只鸟形怪兽。金怪兽系用厚约0.12厘米的金片锤揲而成，通身有凸起的卷云纹，头颈部有鬃纹，双角及钩喙是凸棱纹。其双角、尾、托座是单独锤揲后再焊接到身体上的。粗大卷曲的双角、灵巧纤细的身形、微微前倾的重心，使金怪兽表现出一种内在的紧张感和生命的力量，是一件不可多得的艺术珍品。

这件金怪兽出土于陕西榆林市神木县纳林高兔村北的一座墓葬中，与它同出的还有多件动物形象的金属文物，如银虎、盘羊扣饰、银卧鹿、铜刺猬等。其中，金怪兽与内蒙古准格尔旗西沟畔匈奴墓出土金饰片上的怪兽纹很类似，都具有鸟喙、大角、直耳、兽身等共同特征，所不同的只是前者为圆雕，西沟畔者为图案。纳林高兔村墓葬出土的银虎与河北平山一号墓出土的衔鹿虎、盘羊扣饰与内蒙杭锦旗阿鲁柴登发现的金羊形饰片、银卧鹿与准格尔旗玉隆太出土的一件卧鹿、铜刺猬与阿鲁柴登的同类器均很相像，因而，纳林高兔村出土的这批文物，包括这件金怪兽，其时代也应与上述文物相近，属于战国晚期。

神木县地处鄂尔多斯高原南缘，毛乌素沙漠向陕北黄土高原过渡地带的东段，纳林高兔村是毛乌素沙漠的一个湿滩地。因此，结合历史地理、墓葬葬俗、出土文物特点等多方面因素考察，学者们普遍认为，纳林高兔村这座墓的墓主人应该是匈奴人，墓中出土的文物属于匈奴文物。

匈奴是我国古代北方的一个游牧民族，自我国有文字记载以来，匈奴族的祖先就驰骋于广袤的北方，商朝时的鬼方、周朝时的猃狁，都是后世所称的匈奴。匈奴之名正式见于史册，是从公元前 3 世纪的战国时期开始的。七雄之中，秦、赵、燕三国与匈奴接界，三国相继筑长城以阻挡匈奴的入侵，纳林高兔就正好处于秦长城之外。作为一个草原游牧民族，匈奴人长期以游牧和狩猎为业，他们的生产生活与动物的关系十分密切，因而匈奴文化器物的造型和纹样多以动物题材为主，而金怪兽则将草原各种动物形象集于一体，是匈奴文化特色的极致体现。

这件金怪兽最引人注目的就是它夸张的大角，这种大角动物的造型广泛见于欧亚北方草原各地。北高加索地区科斯特降姆斯卡亚公元前 6 世纪早期的古墓中，曾出土过一件大角鹿金牌饰，其最鲜明的特点就是长长的鹿角沿主枝重复了六个 S 形分枝，加上向前的两个 S 形分枝和鹿角的结束部位，共构成了九个连续排列；东哈萨克斯坦的契尼克宁斯基 5 号墓出土了几件金大角鹿牌饰，现收藏于艾尔米塔什博物馆，时代为公元前 7 世纪至公元前 6 世纪；吉尔吉斯的伊塞克古墓出土的鹿形金牌饰，鹿角形状卷曲重复，时代是公元前 5 世纪至公元前 4 世纪。上述这些发现，都被学术界认为是典型的斯基泰文明的造型艺术。

斯基泰是公元前 7 至公元前 3 世纪，活跃于欧亚大草原的北高加索、黑海北岸以及南西伯利亚地区的一支游牧民族，他们创建了影响广泛的斯基泰文明。斯基泰文明惯用角鹿、熊、鸟头、马、牛、狮、虎、狼、翼虎、鹰和怪兽等动物形象来装饰各种物品，如武器、带钩、镜子、刀剑、箭筒、马镫、衣着、地毯、刀把等。这种风格以写实为基调，加以艺术化处理，形象真实，神态生动，富有装饰意味。斯基泰风格的另一个特征是，在动物身体的一定部位再附加其他动物的装饰手法，如金怪兽的尾部就是将鸟形怪兽附加在鹿身上。这种流行在欧亚大草原的斯基泰艺术风格，对我国北方游牧民族文化产生了深远的影响。这件大角金怪兽在陕北神木纳林高兔的发现，说明欧亚大草原斯基泰艺术风格也影响到了鄂尔多斯高原南缘的陕北长城沿线。

这件金怪兽所伫立的覆斗形托座周边的四个花瓣上，各有三个小圆孔。有研究者认为，托座四面的12个孔可以连辍固定，覆斗形的托座不仅是为了抬高怪兽，也是为了适应其下附着物的轮廓，所以，金怪兽的用途应该是冠冕的顶饰。结合墓中所出的多件精美的金属艺术品，以及随葬马、牛、羊头骨等葬俗，推测墓的主人应该是一位匈奴族的首领，而这件精美的金怪兽，则应该是这位首领头上最为华美而威严的装饰。

鎏金蔓草花鸟纹银高足杯

异域风情的皇室贵族用器

唐（618 — 907）

高6厘米，口径7.7厘米，足径4厘米

1982年陕西省西安市东郊韩森寨电车二场工地出土

鎏金蔓草花鸟纹银高足杯为多曲圆形杯体，侈口厚唇，深腹，中部有一折棱，下接细柄高足。高足上端接杯底处为一圆饼状托盘，中间有一算珠式的节，下部外撇张开，足沿为花瓣形。杯身以折棱为界上下各锤揲出略有差异的十枚尖莲瓣纹，莲瓣边缘由两片忍冬叶片对卷而成。莲瓣内錾刻鸳鸯、鹊鸟、鸿雁、蝴蝶，或静立、或振翅飞翔于折枝萱草之间，足上饰以忍冬花纹。通体以鱼子纹衬地，纹饰鎏金。这件银杯画面布局严谨而活泼，祥禽瑞鸟和花草树木合理组合、相互补充，共同构成了一幅生机盎然的画面，是唐代金银器中的一件佳作。

这件华美的银高足杯应是唐代皇室贵族拥有和使用的饮酒器具。唐房陵大长公主墓中壁画上所绘的执杯男装侍女，其手中持拿的就是这种高足杯。高足杯并非中国传统器型，其颇具异域风情的造型应来源于西方。公元1世纪，高足杯在罗马帝国时代就已出现并被广泛使用，4世纪末建立的拜占庭帝国仍然因袭了这一传统。高足杯在唐代之前已传入中土，山西大同北魏景明二年（501）封和突墓、西安隋大业四年（608）李静训墓均出土过银高足杯。到了唐代，高足杯更是风靡一时。从现有考古资料看，唐代高足杯不仅数量多，而且制作精美。与此同时，还出现了大量铜、锡、石、陶瓷以及玻璃质地的高足杯。这些不同材质的高足杯器型虽仿制金银器，但多出土于中小型葬中。由此说明，源于西方的高足杯不仅为皇室贵族所好，而且这种风尚也对当时整个社会生活产生了很大的影响，并已成为人们日常生活中较为常见的器物。

大唐与拜占庭主要通过中部丝绸之路进行交往。当时的路线是从长安出发，经过西域地区进入中亚，然后从伊朗高原北境到达地中海东岸。在这条漫长的道路上，活跃着众多族群。其中，最主要的就是萨珊波斯人、粟特人、突厥人，他们既与拜占庭联系密切，又与大唐往来频繁，因而成为唐王朝与拜占庭之间交往的中介。通过他们，丝绸之路东西两端相距遥远的两大帝国间接地被联系在了一起。也正是因为他们的介入，“罗马—拜占庭”式的高足杯对唐代金银器产生了影响。这种影响不仅体现在高足杯的造型上，还体现在装饰手法上，特别在唐代早期金银器装饰上的影响

鎏金蔓草花鸟纹银高足杯

最为明显。主要体现在：多采用任意等分装饰手法，装饰区间常在九瓣以上，以十二、十四瓣区间较为多见。装饰区间錾刻成“S”形或“U”形瓣。到了武周至玄宗时期，任意等分的装饰手法已被淘汰，大量采用六、八等分，这种规范化的等分装饰是金银器制作过程简化的反映。这一时期分瓣多为莲瓣状，且多为双层结构，如同这件高足银杯身上的双层莲瓣纹。

这件高足银杯虽然在器型及制作工艺上还保留了外来金银器的一些风格，但其装饰手法已开始摆脱外来影响，中国特色开始出现，最为明显的是器物的装饰纹样。西方高足杯上的纹饰大多是凶猛的野兽和武士角斗场面，唐代工匠并未直接全部仿造，而是以唐朝人们所习惯和喜爱的缠枝花草、狩猎和各种禽鸟瑞兽纹样取而代之。这件银高足杯上錾刻的鸳鸯、鹊鸟、鸿雁、蝴蝶、花草，均为唐代金银器上最常见的纹饰。鸳鸯，古称“匹鸟”，因其雌雄偶居不离，成双成对，用以喻夫妻恩爱，包含着百年偕好、永不分离的祝愿。雁为候鸟，先秦时期婚礼多用雁作婚贽，取其候时而行之意。之后演绎为雁“知避阴阳寒暑，似妇人之从夫”，“知取其和顺之意，上下和睦之家”。《汉书·苏武传》中有“雁足传书”的故事，因此，鸿雁又有了“信使”的美称。蝴蝶则表现了恋花的情趣。这些纹饰不仅具有装饰效果，而且寄寓着美好、吉祥的含义，表现出唐人热烈追求幸福喜庆世俗文化的特点。

唐代是一个善于吸收外来文化的时代，凭借着其宽阔的胸怀和强大的文化包容力，实现了对纷繁多样外来影响的兼容并蓄，并进而成就了气势恢弘的大唐文明，而这件鎏金蔓草花鸟纹银高足杯就为我们提供了这样一件生动的物证。

拜占庭帝国

拜占庭帝国即东罗马帝国。公元395年，罗马帝国分裂为东、西两部分，其中位于东部的就是东罗马帝国，其都城位于君士坦丁堡（今伊斯坦布尔），在中国史籍中被称为拂菻。6世纪初到7世纪中叶，受相互需求的推动，唐王朝与拜占庭帝国之间发生了比较多的交流。6世纪初叶，拜占庭帝国国力达到鼎盛，占有西亚、地中海东岸和北非的大片领土，是一个横跨欧亚非三大洲的强大帝国。帝国的繁荣激发了贵族阶层对东方奢侈品，尤其是中国丝绸的强烈需求。扩大双方的贸易往来，就变得非常迫切。此外，6世纪下半叶，强大的突厥帝国在中亚地区兴起，控制了从蒙古高原到黑海沿岸的广袤地区。为对付共同的敌人萨珊，拜占庭与西突厥建立了联盟关系，从而也大大地便利了唐王朝与拜占庭帝国的交流。

海兽葡萄镜

异域风情的铜镜

唐（618 — 907）

直径21.3厘米

1980年陕西省汉中市西乡县出土

海兽葡萄铜镜背面中央为伏兽钮，伏兽身披鬃毛，腹下穿孔，肢爪劲健，背脊高耸。弦纹高圈将镜背纹饰分为内外两区，内区以舒卷缠绕的枝蔓连接的葡萄纹为底纹，浮雕八只姿态各异的海兽环绕镜钮，或驻足、或匍匐、或就地打滚仰面朝上、或戏耍打闹。海兽浮雕感很强，刻画细腻，构图变化多端，极富动感。外区外缘凸起，装饰一周卷云纹，外缘以内区域一周以葡萄纹为底纹，期间装饰刻画细致的海兽和飞鸟奔跑、飞翔于葡萄枝蔓之间，灵动多姿。海兽的鬃毛、飞鸟的尾羽、表情、肌肉塑造清晰

海兽葡萄镜

生动。此面铜镜铸造工艺高超，镜背多层次的浮雕装饰错落有致，具有立体感，造型华丽饱满，风格写实生动。

海兽葡萄镜是在隋至唐初流行的瑞兽镜基础上发展而来的。陕西永寿县孟村发现的一面隋代的规矩神兽镜， 主要纹饰为内区饰规矩神兽纹，靠近边缘饰十二生肖，围绕内区有铭文一周。 礼泉县昭陵陪葬墓麟德元年（664）下葬的郑仁泰墓出土海兽葡萄镜，证明初唐时期海兽葡萄镜已经出现。与隋代瑞兽镜相比，海兽葡萄镜去掉了铭文和规矩刻板的图案化装饰，而最显著的区别是将葡萄纹作为底纹满布镜背的内外区，海兽的造型更加注重动感，姿态自由生动。其他唐代墓葬如西安独孤思贞墓、西安十里铺 237 号墓、陕西安康岚河墓均出土海兽葡萄镜。日本奈良高松塚古坟也出土了海兽葡萄镜，可见此种镜流传之广。

继战国、汉代之后，唐代铜镜的发展达到高峰，铜镜铸造技艺发展到鼎盛时期。由于锡、铅成分的增加，隋唐时期的铜镜普遍厚重。化验资料表明， 铜约占 70% ，锡、铅约占 30 %，隋唐铜镜的金属配比合理。铸造工艺的提高使得唐镜镜面更加光洁明亮，镜背的装饰也摆脱了汉式镜图案化规整的布局，侧重于自由构图，写实性地装饰飞禽走兽、植物花卉纹饰。海兽葡萄镜是高宗至武周时期开始流行的一种铜镜类型，是最早将高浮雕艺术使用在铜镜上的作品，具有开创性和观赏性。瑞兽葡萄镜的饱满富丽风格不仅体现了盛唐时期繁荣富强的时代风貌，外来纹样葡萄和海兽融入铜镜这种中国传统工艺品也体现了唐代开放包容的盛世气象。

“海兽葡萄镜”之名出自清代梁诗正等奉敕纂修的《西清古鉴》，并被现代学者所广泛接受。宋代徽宗敕撰，王黼编纂的《宣和博古图》称之为“海马葡萄镜”。 因为海兽的形象不是现实中存在的动物，而是结合诸种动物特征合成的想象中的神兽，因此被视为瑞兽。也有部分学者称之为“葡萄瑞兽镜”“葡萄海兽镜”“葡萄鸾兽镜”“瑞兽葡萄镜”。也因铜镜上的海兽形象“似马非马”，也有人称之为“葡萄天马镜”，这可能受了汉代“天马”神话传说的影响。有德国学者认为“海马”是古代伊朗与祭祀有关的一种植物 Haoma，后转化变为“海马”。也有观点认为海兽的造型酷似狮子，古代称“海狮”， 或“狻猊”，是随着丝绸之路从西方传入中国的域外神兽。总之，海兽装饰在铜镜背面更是一种祥瑞符号化的表现方式，表达了吉祥如意的祈愿。

与海兽相同的是葡萄纹也是外来纹样，有学者认为它来源于古代的波斯或希腊罗马。希腊罗马的器物、织物等物品上常饰有或平面、或浮雕的葡萄图案。从汉代张骞开通西域后，中原就开始了葡萄的种植。西域的汉代织物上有葡萄纹样，如新疆民丰县出土汉代走兽葡萄纹绮和葡萄纹罽。汉唐之间沿着丝绸之路传入中国的外来器物中也装饰葡萄纹的器物，如山西大同市出土的北魏戏婴葡萄纹鎏金铜杯。而对海兽葡萄镜产生直接影响的可能是甘肃靖远县北滩乡出土一件鎏金银盘，口径 31 厘米，高 4.6 厘米，银盘卷唇、圈足，盘内满饰浮雕花纹，以一圈联珠纹分为内外两区。内区中央为斜依狮子、右手持权杖的神祇，其周围为众神头像，推测为希腊神话的宙斯等十二神。外区为缠枝葡萄纹，期间栖有小鸟，圈足内底部有一周点状铭刻。林梅村先生则认为银盘为大夏制品，时代为公元 5 世纪末至 6 世纪初，并推测这种以葡萄纹饰作为底纹的装饰工艺，是通过丝绸之路传入中原，进而影响了铜镜工艺。同时，也是因为随着丝绸之路的繁荣，唐代葡萄、葡萄酒以及葡萄的装饰纹更加普及之故。从初唐上官仪《八咏应制二首》“罗荐已擘鸳鸯被，绮衣复有蒲萄带。”盛唐施肩吾《古曲五首（杂曲歌辞）》之三“夜裁鸳鸯绮，朝织浦桃绫。”岑参《胡歌》“葡萄宫锦醉缠头。”中唐李端《胡腾儿》“桐布轻衫前后卷，葡萄长带一边垂。”晚唐曹松《白角簟》“蒲桃锦是潇湘底。”等诗句可知，葡萄纹是唐代丝绸的普遍装饰纹样。在唐朝的金银器、方砖、墓志等物品和石窟寺艺术上也可见葡萄纹。葡萄纹因为其浪漫的异域色彩、饱满的果实和优美的枝蔓，寄托了唐朝人对美好生活的热爱和对诗情画意的向往，因此，在铜镜上饰葡萄纹饰也成为时代风尚的体现。

《宴饮图》

真实的贵族野宴

唐（618 — 907）

高200厘米，宽250厘米

1988年陕西省西安市长安县韦曲南里王唐墓墓室东壁揭取

1987 年 7 月，陕西省博物馆与西安市文管会联合发掘了一座位于西安市长安县韦曲北原南里王村核工业部 206 所工地的盛唐墓葬，墓室东壁是一幅《宴饮图》，占据了三分之二的壁面，整个画面线条清晰，内容完整，刻画细致入微，富有浓郁的生活气息。画面正中是一个长方形的几案，案上摆放杯、碟、盘等餐具、酒具，中间盘中盛有食物；案前方座上放置一个六曲花瓣形羹碗，里面放置一把曲柄长勺；几案的三边各置一矮榻，每榻上各坐三位就餐者，环绕几案三面形成宴会的主角——九位贵族，两侧各立一个正端盘上酒的侍童，稍远的两旁各站立五位凑兴观看的男女，左侧为首者是一名身着帔帛长裙翘头履的女性，双手高高拱起作作揖，似为家中女主人，身旁两男两女四仆役；右侧居中者也是一名身着帔帛长裙翘头履的女性，双手微拱作揖，也应是家中女主人，身旁一名似为宦官，一名持棍为仆役，两名女子家眷，其中一名右肩上还托着个孩童。画面的上方是飘动的吉祥如意云朵和折枝花。宴席上的用餐者神态极富写实，有的大口咀嚼，有的举杯畅饮，有的细细品味，有的击掌称快，场面热烈，随意生动；周边围观者或年长、或孩提、或家眷、或侍者，也无不为这热闹、丰盛的宴席所吸引，露出各种表情和动作。画家在构图时选取俯视的大角度，使这一宏大的场面得到了充分的展示。这幅壁画因表现的是贵族户外宴会的场景，因此也将其名为《野宴图》。

《宴饮图》中总计表现出 22 位人物，在左侧围观的女眷与侍从中，有一位男侍披发着裤，从其体貌和装束上看显然不属于汉族，也不是中亚粟特人。有意思的是，我们在咸阳底张湾薛氏墓甬道西壁的《端盘男侍图》《持壶男侍图》中也看到了这样的形象：披发着裤的男侍，或端着盛放食物的盘子，或提着盛装酒水的胡瓶，向主人所在的位置走去。薛氏是武则天之女太平公主与薛绍的女儿，葬于睿宗景云元年（710），甬道临近主人所在的墓室，表现的应是薛氏的内府，显然，男侍的身份是近身侍奉主人的杂役。唐玄宗时期著名宰相韩休的墓葬，位于陕西省西安市长安区，紧邻韦氏家族墓地东侧。韩休墓墓室东壁的《乐舞图》中，男子乐队旁也有一位披发男子，其装束与《宴饮图》中的类似。1981 年，考古工作者曾在北京丰台区发掘了史思明墓，墓室北壁《墓主图》，正中端坐的是主人史思明，其身后的贴身仆人也是位披发胡人。史思明为突厥人，原姓阿史那，天宝十四年（755）随安禄山发起安史之乱后，于乾元二年（759）僭称大燕圣王，《墓主图》以帝王坐像自称，身后披发仆人与长安南里王村墓、郭庄村韩休墓，咸阳底张湾薛氏墓中的披发外族人相似，说明这类“外族人”与主要担任马夫驼手的粟特人是不同的族属。那么，他们是何种人呢？在《北史》《周书》《隋书》中都有“突厥传”，突厥人相貌特征之一是“披发”。5 世纪至 6 世纪时，突厥人称霸于北方，不停骚扰掠夺攻击中原王朝，初唐贞观年间至盛唐永徽年间（627—655），经唐王朝的有效打击后，北方突厥旧地归附中央政府统治，大批突厥人流入河北、山西及京畿长安，其中一部分突厥人，可能因为善于室内杂役，凭借勤恳和忠诚的特点，依附于贵族，并获得了主人的信任，这样的形象已被社会认可，成为一个固定的族群。《宴饮图》绘于表示主人居所的墓室的东壁，表现的是主人生前的生活片段，图中披发男侍与女眷孩童混杂一处，且伸张双手与席间贵族唱和互动，俨然已经以“自家人”的待遇融入贵族家庭生活之中。

这幅《宴饮图》壁画是目前所发现的唯一一幅表现贵族户外宴饮场景的唐墓壁画。因被盗，发掘时没有见到墓志。墓葬位于韦氏家族墓地，向东向南有长孙无忌家族墓、韩休墓、杜如晦家族墓地、武惠妃敬陵等，因此推测墓主人身份可能是韦

《宴饮图》

氏家族的一位成员。韦氏家族在初唐及盛唐早期，是显赫一时的外戚，民间有“长安韦杜，去天尺五”的俗语，长安韦曲南里王村一带是唐中宗韦皇后之父韦玄贞荣先陵所在地，考古工作者在此附近曾发掘过韦皇后兄弟韦洞、韦洵、韦浩、韦泚等人的墓葬，这座墓葬从规模、随葬品及壁画特点来看，年代属于盛唐晚期即公元 8 世纪中期。

《乐舞图》（苏思勖墓）

中亚舞蹈的真实形象

唐（618 — 907）

高147厘米，宽410厘米

1952年陕西省西安市东郊苏思勖墓室东壁揭取

《乐舞图》展示的是中亚胡腾舞的表演场面。唐代，长安城中有一道亮丽的风景线，那就是胡歌、胡舞、胡乐。一大批来自中亚的音乐家、舞蹈家，活跃于唐王朝政治文化中心，有的甚至以此在长安潇洒风光地度过了一生。胡舞中，对唐朝最有影响的是胡腾舞、胡旋舞、柘枝舞。胡腾舞是昭武九姓的石国（今乌兹别克斯坦的塔什干）流行的一种舞蹈，主要由男子表演，速度快动作激烈，属于健舞。胡腾舞在北朝时期传入中原，至唐代时则更加流行。苏思勖墓出土的这幅《乐舞图》，是迄止目前所见唐代最为完整、清晰表现胡腾舞的形象资料。面积将近八平方米的《乐舞图》占据了墓室东壁的整个壁面，画面中间舞蹈者，深目高鼻虬髯，头戴尖顶胡帽，身穿圆领长衫，腰系黑带，足蹬锦制软靴，抬臂扭身，在绿色舞筵上正旋转起舞。其左侧是五人乐队，一人坐弹箜篌，一人坐弹筝，一人跪着吹筚篥，一人站着吹排箫，一人站立右臂前伸似伴唱或指挥；右侧是六人乐队，一人坐弹琵琶，一人跪着吹笙，一人跪着拍铜钹，一人站立吹横笛，一人站立击拍板，一人站立右臂前伸似伴唱或指挥。

胡腾舞最初传入中国时，舞者、奏乐者均为胡人。舞者一般身系葡萄叶装饰的软腰带，旁边搁置酒壶，舞前要喝助兴酒，舞时如痴如醉、癫狂放浪才有吸引力，李端、刘言史笔下的胡腾舞者仍然是这样的装束和姿态。但苏思勖墓壁画中的胡腾舞，舞者虽仍为胡人，但奏乐者已是胡汉相杂了，也没有了葡萄叶装饰的软腰带和助兴酒，似乎是通过胡人歌唱者的吆喝说唱来提升激昂热烈的现场气氛。因此，也有学者根据图中乐器竖箜篌、搊筝、筚篥、排箫、曲颈琵琶、笙、横笛、拍板、小铜钹的组合，分析画面表现的可能是盛唐流行的胡乐与汉乐相融合的胡部新声。但竖箜篌、筚篥、排箫、曲颈琵琶、横笛属中亚乐舞常用的乐器，居中舞蹈者又为典型的胡人形象，所以，应该还是胡腾舞。

唐代晚期，在南方地区出现了孩童舞胡腾，如江苏丹徒丁卯桥窖藏出土的鎏金童子纹银壶，上面有一幅童子舞乐图。图中间一位童子双臂外张，一足勾起，一足尖立于圆形舞筵上，头与身躯扭向一边作旋转舞蹈状。其

《乐舞图》（局部）

《乐舞图》（局部）

左侧一童子坐于地上，双手持乐器作吹奏状；右侧一童子单膝跪地，双手持拍板作击打状。从舞蹈姿态及伴奏乐器来看，表演的应该是胡腾舞。儿童从小就学这种力度大、速度快的胡腾舞，可见盛唐京城流行的胡腾舞在晚唐时对南方民间的影响。

胡腾舞表演最初只有胡人才能完成，后来有了变化，若非胡人，表演时就要借助夸张的面具来展示“醉”的疯狂，如同西方的假面舞会。日本正仓院南仓收藏的醉胡王伎乐面具，可能就是用于胡腾舞表演的，因此到了宋代就名之为“醉胡腾”了。有意思的是，在今日安徽贵池山村的傩戏里，有一种名为“醉胡腾”（又称“醉胡子”“胡饮酒”）的表演，通过

《乐舞图》（局部）

欢快的气氛，来表现驱邪逐疫、福运吉祥、欢庆康乐等寓意。舞者为男性，头戴深褐色胡人面具，舞前先饮酒，酒酣之后，便在如痴如醉的状态下，通过蹲、跪、转、跃、耸肩、弄目、环行、反手叉腰等动作来表现“腾”。该舞肢体语言古拙、夸张，加上锣鼓激昂明快的伴奏，新奇独特，与其他傩舞风格迥异，被誉为“戏曲活化石”，2005年还被列入国家首批非物质文化遗产名录。发轫于中亚的胡腾舞在原产地早已无影无踪，但在数千里之外的古都长安，却可以看到它的千年雄姿；在安徽贵池古老的傩戏里，还可以看到它的原始形态。胡腾舞千百年的流传故事，无疑是丝绸之路文化传播又一个具体而真实的事例。

它盉

周人的沃盥之器

西周（前1046—前771）

通高37.5厘米，通长39.2厘米

1963年陕西省扶风县齐家村铜器窖藏出土

它盉造型别致，扁圆形的腹体似一面侧立的鼓，短颈上有长方口，口上置器盖。器盖为一立体的凤鸟，凤鸟双目圆凸，尖喙有力，双翅飞张。腹部一侧设流，一侧接鋬。流为一身体微曲且努力向上的龙形，流嘴为一口大张的圆雕龙头；鋬亦作一龙，龙身卷曲成S型，龙首回顾，龙身饰重环纹。器下有四扁足，上饰兽面。器腹部两侧纹饰相同，由外向内分别为斜角窃曲纹、重环纹、涡纹的三圈纹饰带。整个器形外观独特华美，特别是颇有动感的龙凤造型的结合，使这件扁盉更加灵动和精彩，成为西周晚期青铜器中不可多得的的瑰宝。盖内铸铭文一个单字“它”，或是族名，或是作器者之名，这件青铜盉也因而被命名为它盉。

青铜盉出现在商代早期，盛行于西周中晚期。商代至周初，盉是作为礼器中的酒器使用的。《说文·皿部》：“盉，调味也。”王国维《说盉》云：“盉乃和水于酒之器，所以节酒之厚薄者也。”郭沫若《长安县张家坡铜器群铭文汇释》：“金文‘盉’从禾者，乃像意兼谐声。”说明在那个时期，古人是将一定比例的酒和水置放在盉中，以调和酒味的浓淡，所以盉类似于现在的调酒器。西周建立后，周天子汲取商朝因嗜酒而亡国的教训，发《酒诰》禁酒，从而使得青铜礼器中的酒器数量骤减，而食器、水器在礼器中的地位得以提升。正是在这一社会大背景下，盉的功能也随之发生了变化，开始与盘相配，作为一套盥洗用的水器，加入到青铜礼器的组合之中。从总体上看，穆王开始，中小墓葬青铜礼器的组合中，水器组合有明显加强的趋势，并成为青铜礼器中重要的不可分割的组成部分。

西周晚期又出现了一种新的水器“匜”，其功能与盉的功能相同，盘匜的组合一直沿用至春秋战国。所以，从西周中期到春秋战国时期，盘盉或盘匜一直都是青铜礼器中水器的常见组合。在考古发掘中，经常发现盘盉或盘匜配套共出的现象。在长安普渡村长囟墓、扶风齐家十九号墓、临潼南罗西周墓、扶风庄白墓、山西晋侯墓地、三门峡虢国墓地，均出土过盘盉或盘匜的组合。

礼器中的水器是沐盥用具。商周贵族们的盥洗，不仅是为了讲究卫生，更重要的是为了礼仪之需。在祭祀、宴饮等场合，盥洗行为十分严格，这就是所谓的沃盥之礼。“沃”即是浇水的意思，“盥”则是洗手洗脸。沃盥之时，用盉或匜来浇水，用盘来承水。《礼记》中有这样的记载：“进盥，少者奉盘，长者奉水。请沃盥，盥卒，授巾。”《左传》里也讲到过“奉匜沃盥”。在祭祀或宴飨的时候，王公贵族或公侯伯爵接待宾客时，行沃盥之礼都要有专人负责，负责行礼的人被称作“小臣”。《周礼·夏官》中载：小臣受王之命，“大祭祀、朝觐，沃王盥”。《仪礼·公食大夫礼》中载：“小臣具盘。”接待一般宾客时，则由主人亲自奉匜盘，并按一定规矩进行，即“长者奉匜，少者奉盘”，这样来接待客人才算是尚礼。除了祭祀、宴飨之外，在平常的生活中，对待长者，包括父母、老师等也是这样。《管子·弟子则》中写道：“少者之事，夜寐早作……摄衣共盥，先生乃作，沃盥彻盥。”意思就是学生每天要提前起床，趁老师尚未醒的时候，就把洗脸水送到房内去。等老师起来，就奉匜盘让老师洗沐，最后，再把盥洗用具收拾好。另外，古人在新婚之时，也要行沃盥之礼。《仪礼·士昏礼》中说：“媵御沃盥交。”指的就是婚礼中，新郎和新娘的侍从分别为对方的主人浇水，以行沃盥之礼。

与它盉同时出土的它盘也是一件非常著名的器物。其型制为平唇、浅腹、高附耳、矮圈足。最具特色的就是其圈足下的四足，为四个受过刖刑的裸体男子形象。男子跽坐，双手扶膝，以肩负盘。刖刑是西周墨、劓、刖、宫、大辟五大刑之一，即将受刑的犯人的双足或一足剁去。受这种刑罚的奴隶，一般都不能再从事重体力劳动，只能从事守门一类的简单劳动，这一形象也进一步佐证了器物主人身份的尊贵。它盘内底也铸一“它”字，与盉同铭，显然它盘与它盉为一组配套使用的盥洗器。

它盉

《提壶持杯侍女图》

走向盛唐的探索

唐（618 — 907）

高182厘米，宽90厘米

1975年陕西省富平县房陵公主墓后室北壁西侧揭取

《提壶持杯侍女图》中的侍女身材颀长，面形圆润，弯眉细目。头梳球形回鹘髻，樱唇及面颊涂有鲜艳的胭脂。上穿白色窄袖短襦，下着红色曳地长裙，肩披绿色帛巾。右手提长颈鸭嘴壶，左手举高足杯，趋步上前作敬酒状。

这幅《提壶持杯侍女图》出土于房陵公主墓的后墓室北壁西侧。渭北塬上的唐代十八陵及其众多的陪葬墓，因其墓主人的特殊身份和崇高地位，在其墓道和墓室中多绘有壁画。这些墓葬壁画以其广泛的题材、丰富的内容和娴熟的绘画技艺，不仅成为大唐盛世的社会图谱，体现了大唐王朝的时代精神，更代表了唐代绘画艺术的主流风格和艺术成就。

作为唐朝开国皇帝唐高祖李渊的第六女，房陵公主于咸亨四年（673）去世后陪葬于高祖献陵。房陵公主墓位于陕西省渭南市富平县吕村乡双保村北约250米处，西南距献陵2.5千米。1975年，文物工作者对该墓进行了清理。墓葬坐北向南，由一斜坡墓道、5个过洞、4个天井、2个甬道、前后墓室及6个小龛组成。墓道、天井、甬道两壁及墓室四壁均绘有壁画，但大部分已残落，仅存人物画27幅，全系侍女图，这幅《提壶持杯侍女图》是其中保存较好、文化艺术价值较高，且能代表初唐稍晚阶段唐墓壁画水准的一幅佳作。

侍女头上的回鹘髻，因来源于西北地区少数民族回鹘族而得名。回鹘族是现在维吾尔族的前身，从古至今都与汉族存在着密切的文化交流与经济往来。尤其在唐代，回鹘髻及回鹘装更成为贵族妇女的时尚。花蕊夫人《宫词》中就有当时宫廷妇女喜好“回鹘衣装回鹘马”的描述，这幅壁画不仅印证了史书的这一记载，同时也证明了回鹘装束对汉族的影响从初唐已经开始，更正了过去有些史书中从开元年间开始产生影响的说法。唐代妇女的发髻五彩缤纷、名目繁多，根据目前已掌握的形象资料可以辨认的已近二十种。在这些发髻式样中，唯一从初唐流传到晚唐的就是回鹘髻。这种发髻是将头发先向后梳，然后在头顶扎束，再挽成桃形、球形等各种形状。这种来自于西北少数民族的发髻，在唐代具有如此强盛的生命力，

《提壶持杯侍女图》

也充分说明了西域文化对中原文化的影响，以及大唐文化兼收并蓄、繁荣广博的原因所在。

侍女手中的长颈鸭嘴壶和高足杯应为金银器，此鸭嘴壶与前室东壁托盘执壶侍女图中的壶基本相同。高足杯是唐代金银器中的常见器形，特别多见于银器中。现知的银高足杯实物已达三十余件，所见的图像资料除了这幅图外，还见于同墓中前甬道西壁执杯男装侍女图及李寿墓石椁线刻侍女图中。两件器物从其造型风格看都应为粟特风格。通过对唐代金银器的研究，学者们普遍认为唐代前期的器物种类较为单纯，其造型、纹饰明显受到中亚细亚 6 世纪金银器制作风格的影响。盛唐以后，器物的种类向多样化发展，多种生活用具应有尽有，外型装饰趋向民族化和世俗化。唐代晚期的金银器物，做工精湛，造型优美，装饰华贵，金银器已达到了唐代的最高工艺水平，在吸收外来金属加工技术和装饰艺术的基础上，唐代金银器的创新风格已完全形成。侍女手中具有粟特风格的长颈鸭嘴壶和高足杯，更进一步证明了外来风格在唐代前期对金银器，乃至对当时社会生活的重大影响。

房陵公主墓残留的所有 27 幅侍女形象，皆呈站立姿态，以单人平列式出现，风格统一。线条勾勒简约流畅，浑厚苍拙。敷彩以单色为主，古朴典雅，表现出创作者高超的艺术造诣，是同时期壁画的上乘之作。与其他唐墓壁画的侍女形象进行比较，房陵公主墓壁画侍女的最大特点是身躯长大，头与身的比例有的竟然超过了 1 ∶ 8。这种比例塑造出来的人物形象，一改隋至初唐早期头大身细的样貌而走向了另一个极端，成为目前已出土唐墓壁画中头身比例最大的，这种风尚可以追溯到东晋顾恺之《女史箴图》和河南邓县学庄南朝画像砖墓。房陵公主墓的壁画充分体现了初唐时期的稍晚阶段，壁画在传承中的蜕变性和探索性。作为此墓壁画的代表，当年的创作者在这幅提壶持杯侍女图中，以沉雄刚健的线条中勾勒了一个面容秀美而饱满，身材颀长而丰盈，神态端庄而雍容的唐代侍女形象，其既不同于初唐稍早阶段的丰面细身，也不同于盛唐、中唐时期的秾丽丰肥的艺术风格，体现出这一时期特有的审美趣味。

日己觥

天氏家族的重器

西周（前1046—前771）

通高32厘米，通长33.5厘米，腹深12厘米

1963年陕西省扶风县齐家村西周窖藏出土

觥（gōng）是商周之际众多酒器中造型特殊的一种盛酒器；“日己”来源于器物上的铭文，是人名，是该器所祭之对象。日己觥由盖和长方形器身组成。觥盖前部为一昂首的双角怪兽，背部中脊有扉棱直到尾部，扉棱整体呈龙形，其两侧各饰一鸟纹，后部饰一饕餮纹。长方形器身四角有透雕的扉棱，器口宽阔且上仰，与昂首怪兽形器盖的曲度正好吻合。器身纹饰分三层，上层近流处为一回首夔龙纹，尾随一只小鸟；中层腹壁处饰饕餮纹，下层圈足部饰一周小鸟纹。器身后侧有扁而宽大的“尾”，似是器物的把手。

整个器物造型独特，纹饰华丽繁缛。器盖及器腹底部刻有相同的铭文。其铭文均为 3 行 20 字，内容为“乍（作）文考日己宝尊宗彝，其子子孙孙万年永宝用。（天）”。研究者认为这件器物是天氏家族后人为祭祀其亡父日己所做之器。

商周时代，像日己觥这样器盖是有角的兽头型或象鼻上卷的象头型，器腹呈方形或椭圆形，足为圈足或四足，有流和把手的青铜容器，一般都自铭为“彝”“宗彝”或“宝尊彝”，这件器物也是自铭为“宝尊宗彝”。但是，这些称谓并非这一类器物的专称，也经常见于其他青铜礼器的铭文中。因此，对这类器物的定名还经过了一个相当曲折的过程。

中国古代礼器之名，大多出自宋代人的考据。对于日己觥这类青铜器，宋代以来都称之为匜。直到清末，王国维在《观堂集林》卷三《说觥》一文中指出：宋代以来称为“匜”的器物，有盖的是觥，无盖的是匜；觥是酒器，匜是水器。从此像日己觥这类器物就被称为觥或兕觥，兕即犀牛。

觥或兕觥是酒器，在《诗经》中确有记载，如《周南・卷耳》：“我姑酌彼兕觥。”《小雅・桑扈》：“兕觥其觩，旨酒思柔。”《豳风・七月》：“称彼兕觥，万寿无疆。”但是，关于兕觥，《说文・角部》的解释却是：“觥，兕牛角，可以饮者也。”可见，兕觥指的是用犀牛角制作的饮酒器。因为犀牛毕竟稀少珍贵，后来也有用木或铜制作成像犀牛角形状的饮酒器。长沙马王堆发现过一件木犀角，山西石楼出土过一件铜制的犀角状酒器，这两件器物的造型非常吻合“兕觥其觩”的描述，研究者认

日己觥

为它们才是“兕觥”这种器物的真实样貌，而不是王国维所说的这种器身类似匜且有兽头形器盖的青铜器。虽然如此，因为自清末以来已经约定俗成，所以像日己觥这类盛酒器，依然被称之为觥或兕觥。

日己觥是1963年在陕西扶风县齐家村一个西周窖藏出土的，连同日己觥一起出土的青铜器共6件，可分为两组。其中一组由方彝、方尊和觥组成，3件器物不仅铭文相同，形制和风格也一致；另外一组由盘、盉和匜组成，3件器物的形制也相近，其中盘和盉上有相同的铭文“它”，即著名的它盘和它盉。对这两组风格截然不同的器物，学者们一般认为第一组的时代早些，可到西周中期的偏早阶段；第二组时代晚些，可到西周晚期。学者们认为日己觥铭文中的“”是族徽，并将之释为“天”，所以，认为这批器物应属于天氏家族。

扶风县齐家村一带属于周人故里，也属于周原地区的核心地带。根据史书记载，周太王也即古公亶父为了躲避北方民族的侵扰，率领族人从豳地，即今天陕西的旬邑、淳化，迁徙到岐山、扶风一带的岐山之下，构筑宗庙、宫室，建立都邑。经过太王、王季、文王祖孙三代上百年的努力，周族在这一地区发展壮大起来，这一地区因而被称为周原。实际上周原有狭义和广义之分，狭义的周原是指周族初迁岐山之阳时所居之地，仅指岐山主峰箭括岭以南，即今天岐山、扶风北部一带的黄土高原；广义的周原是指陕西关中地区渭河以北、岐山以南、漆水河以西、千河以东这片广大的黄土高原。

周文王晚年向东发展，从周原迁都到今天西安市沣河西岸的丰邑；之后，周武王在沣河东岸营建镐京，成王五年又建东都洛邑。在西周 270 余年间，虽然周人统治势力逐步东移，但对周原地区的重视却丝毫未减，除武王之弟周公旦的采邑分封于周原之外，周原还聚居了许多与周人同姓的姬姓家族和异姓的非姬姓家族。而且，根据周原地区历年出土的青铜器铭文统计，异姓家族所占的比例更高，比较有名的异性贵族有微氏、裘卫、粱其、中氏、天氏家族等。在周原地区之所以聚居了这么多异性贵族，是姬周王朝巩固统治的一种手段。他们将方国的异性大族迁居到自己的故土，也是他们的西部边境，这样既能打击异族、便于管理，也可以借他们的力量发展社会经济，抵御西北边境的其他民族入侵。

日己觥铭文中使用了日名和族徽，而这被学者认为是商人的文化传统，所以天氏家族也被认为是商人的后裔。所谓日名，就是加上甲、乙、丙、丁、戊、己、庚、辛、壬、癸十天干所形成的祖先庙号。其构成方式大致有五种，分别为十天干加上亲属称谓形成如“父甲”“母戊”，十天干加上“日”形成如“日己”“日辛”，十天干加上“公”形成如“庚公”“癸公”，十天干加上排行形成如“乙伯”“己仲”，十天干加上“考”形成如“甲考”“乙考”等。商人崇拜日神，重视天象，认为天干承载的是天之道，所以他们祖先的庙号要使用日名。周人崇拜月神，所以摒弃了商人使用日名的文化传统。所谓族徽，指的是青铜器上那些近似图画的铭文，它们或单独出现，或者缀于一句或一篇铭文的开头或结尾。商人普遍使用族徽，说明当时氏族内部的血缘关系和亲族观念还比较牢固。周人不采用族徽，一方面是周人对商文化的抵制，另一方面也是社会的发展已经不是那么重视血缘关系了。

目前发现的天氏家族青铜器共有八十余件，其中年代较早者为天鼎，时代应在殷墟一期；年代较晚的是 2003 年陕西眉县杨家村窖藏出土的天盂，为西周晚期之器。由此可见，天氏家族是一个历史悠久的族氏，自商代中期一直延续到了西周晚期。甲骨卜辞中也出现有天氏，并且记载其与商王室有较为密切的联系，这说明天氏家族应是商朝的贵胄。除了铭文中使用日名和族徽这种商文化风尚之外，日己觥与日己方彝、方尊从器型和纹饰上也都呈现出明显的殷商文化孑遗，方形直壁的器身和形象完整的饕餮纹就是最重要的例证。然而，器身上的小鸟纹以及铭文的字形和书体，都昭示着一个全新时代的文化影响力也正在日益彰显，就像器身上的小鸟，虽然小，但却充满了生机和活力。